Hemelse Taarten

Creatieve Recepten voor Onweerstaanbare Verwennerijen

Sophie Van den Berg

inhoud

Volkoren havermoutcake 11

Oranje koekjes 12

Sinaasappel- en citroenkoekjes 13

Sinaasappel- en walnootkoekjes 14

Oranje chocolate chip cookies 15

Pittige sinaasappelkoekjes 16

Pindakaas koekjes 17

Pindakaas en chocolade swirls 18

Havermout Pindakaas Koekjes 19

Honing Kokos Pindakaas Koekjes 20

Pecan notenkraker 21

Koekjesmolen 22

Snel schrijvend koekje 23

rozijnen koekjes 24

Rozijnen zachte koekjes 25

Gesneden rozijnen en melasse 26

Ratafia-koekjes 27

Rijstcrackers en muesli 28

Romani-crèmes 29

zandkoek 30

zure room koekje 31

Koekjes van bruine suiker 32

Nootmuskaat suikerkoekje 33

Zandkoek	34
kerstcake	35
zandkoek met honing	36
Citroencake	37
zandkoekje van gehakt	38
walnoten taart	39
oranje zandkoek	40
rijke man zandkoek	41
Volkoren havermoutcake	42
amandel wervelingen	43
Chocoladecake met meringue	44
koekjes mensen	45
IJscake met gember	46
Shrewsbury-koekjes	47
Spaanse kruidenkoekjes	48
Ouderwetse kruidige koekjes	49
melasse koekjes	50
Melasse, perzik en walnootkoekjes	51
Melasse en karnemelkkoekjes	52
Melasse en koffiekoekjes	53
Koekjes met melasse en dadels	54
Melasse en gemberkoekjes	55
Vanille koekje	56
Walnoot koekjes	57
knapperige koekjes	58
cheddar kaascrackers	59
Crackers met blauwe kaas	60

Kaas en sesamcrackers ... 61

Kaas stokjes ... 62

Kaas- en tomatencrackers ... 63

Geitenkaas bites ... 64

Broodje ham en mosterd ... 65

Ham en peperkoekjes ... 66

Simpele kruidenkoekjes ... 67

Indiase koekjes ... 68

Shortbread met hazelnoten en bosui ... 69

Zalm en dille koekjes ... 70

Soda-koekje ... 71

Tomaat en Parmezaanse molen ... 72

Tomaten- en kruidenkoekjes ... 73

Basis witbrood ... 74

bagels ... 75

baps ... 76

romig gerstebrood ... 77

bier brood ... 78

Boston bruin brood ... 79

zemelen potten ... 80

boter broodje ... 81

karnemelk brood ... 82

Canadees Maïsbrood ... 83

Cornish rol ... 84

land plat brood ... 85

Country klaproos vlecht ... 86

Landelijk volkorenbrood ... 87

kerrie touw 88

devon splitst 90

Tarwekiembrood met fruit 91

Fruitige melkvlechten 92

schuur brood 94

schuur rol 95

Graanschuurbrood met hazelnoten 96

grissini 97

oogst vlecht 98

melk brood 100

fruitbrood met melk 101

ochtend brood 102

muffin brood 103

ongezuurd brood 104

pizza deeg 105

haver op de kolf 106

Havermout farl 107

Pita 108

Snel volkorenbrood 109

nat rijstbrood 110

Rijst en amandelbrood 111

knapperige koekjes 112

Beiers roggebrood 113

licht roggebrood 115

Roggebrood met tarwekiemen 116

Samos brood 116

Sesam zaden 118

Zuurdesem voorgerecht 119
Soda brood 120
zuurdesembrood 121
zuurdesem broodjes 122
Weens brood 123
Volkoren brood 124
Volkorenbrood met honing 125
Snel geïntegreerde spoelen 126
Volkorenbrood met walnoten 127
amandel vlecht 128
brioches 130
gevlochten brioche 131
appel brioche 133
Tofu en walnotenbrioche 135
chelsea broodje 137
koffie broodjes 139
Brood Crème Fraiche 140
Croissant 141
Sultana volkoren croissant 143
bos cirkels 145
moer schroef 146
sinaasappel taart 148
De chocolade van pijn 150
Pandolce 152
panettone 154
Appel en dadelbrood 156
Brood met appel en sultanarozijn 157

Verrassingen van appel en kaneel ... 159
Abrikozen theebrood ... 161
Abrikozen- en sinaasappelbrood ... 162
Abrikozen- en walnotenbrood ... 163
herfst krans ... 164
Bananen brood ... 166
Volkoren bananenbrood ... 167
Banaan notenbrood ... 168
Brood met kersen en honing ... 169
Kaneel en nootmuskaatbroodjes ... 170
bosbessen brood ... 172
Dadels en boterbrood ... 173
Dadel en bananenbrood ... 175
Dadel en sinaasappelbrood ... 176
Dadel en walnotenbrood ... 177
dadel thee brood ... 178
Dadel en walnotenbrood ... 179
vijgen brood ... 180
Brood met vijgen en marsala ... 181
Broodje vijgen en honing ... 182
warm kruisbroodje ... 184
Lincolnshire pruimenbrood ... 186
Londense scones ... 187
Iers boerenbrood ... 189
mout brood ... 190
gemout zemelenbrood ... 191
Volkoren moutbrood ... 192

Freda's walnotenbrood ... 193
Paranoot en dadelbrood ... 195
Brood van panastaans fruit ... 197
pompoen brood ... 199
Rozijnenbrood ... 200
rozijnen weken ... 201
Rabarber en dadelbrood ... 202
rijst brood ... 203
Rijstbrood en notenthee ... 204
gekrulde suikerrol ... 206
Selkirk Bannock ... 208
Sultana en johannesbroodbrood ... 209
Sultana en sinaasappelbrood ... 210
Sultana en sherrybrood ... 212
Cottage thee brood ... 213
thee taarten ... 215
walnoten brood ... 216
Noten- en suikerbrood ... 217

Volkoren havermoutcake

Het serveert 24

100 g / 4 oz / ½ kopje boter of margarine

200 g havermout

75 g / 3 oz / ¾ kopje volkoren meel (volkoren)

50 g / 2 oz / ½ kopje bloem voor alle doeleinden

5 ml / 1 theelepel bakpoeder

50 g / 2 oz / ¼ kopje demerara-suiker

1 ei, licht losgeklopt

30 ml / 2 eetlepels melk

Wrijf de boter of margarine door de haver, bloem en bakpoeder tot het mengsel op broodkruimels lijkt. Voeg de suiker toe en mix de eieren en melk tot een stevig deeg. Rol het deeg op een licht met bloem bestoven oppervlak uit tot ongeveer 1 cm / ½ inch. dik en snijd ze in plakken van 5 cm. Leg de koekjes (koekjes) op een ingevette bakplaat (voor koekjes) en bak in een op 190°C voorverwarmde oven ca. Goudbruin in 15 minuten.

Oranje koekjes

Het serveert 24

100 g / 4 oz / ½ kopje boter of margarine, verzacht

50 g / 2 oz / ¼ kopje poedersuiker (superfijn)

Geraspte schil van 1 sinaasappel

150 g / 5 oz / 1¼ kopjes zelfrijzend bakmeel (gist).

Klop de boter of margarine en de suiker schuimig. Werk de sinaasappelschil erdoor en meng dan de bloem erdoor om een harde massa te krijgen. Vorm er balletjes van ter grootte van walnoten en leg ze goed uit elkaar op een ingevette bakplaat en druk ze lichtjes aan met een vork om ze plat te drukken. Bak de koekjes in een op 180°C voorverwarmde oven in 15 minuten goudbruin.

Sinaasappel- en citroenkoekjes

30 jaar geleden

50 g / 2 oz / ¼ kopje boter of margarine, verzacht

75 g / 3 oz / 1/3 kopje poedersuiker (super fijn)

1 eigeel

Geraspte schil van ½ sinaasappel

15 ml / 1 eetlepel citroensap

150 g bloem voor alle doeleinden

2,5 ml / ½ theelepel bakpoeder

een snufje zout

Klop de boter of margarine en de suiker schuimig. Meng geleidelijk het eigeel, de sinaasappelschil en het citroensap erdoor en voeg dan de bloem, het bakpoeder en het zout toe om een stevig deeg te maken. Wikkel in folie (plasticfolie) en zet 30 minuten in de koelkast.

Rol uit op een licht met bloem bestoven werkvlak in ca. 5 mm / ¼ inch dik en snijd ze in vormen met een koekjesvormer. Leg de koekjes op een ingevette bakplaat en bak ze 10 minuten in een voorverwarmde oven op 190°C/375°F/Gas 5.

Sinaasappel- en walnootkoekjes

Dient 16

100 g / 4 oz / ½ kopje boter of margarine

75 g / 3 oz / 1/3 kopje poedersuiker (super fijn)

Geraspte schil van ½ sinaasappel

150 g / 5 oz / 1¼ kopjes zelfrijzend bakmeel (gist).

50 g / 2 oz / ½ kopje walnoten, gemalen

Klop de boter of margarine met 50 g suiker en de sinaasappelschil glad en romig. Voeg de bloem en walnoten toe en meng opnieuw tot het mengsel begint samen te komen. Vorm balletjes en druk ze plat op een ingevette (bak)plaat. Bak de koekjes in een voorverwarmde oven op 190°C gedurende 10 minuten tot ze goudbruin zijn aan de randen. Bestrooi met de bewaarde suiker en laat iets afkoelen alvorens op een afkoelrek te plaatsen.

Oranje chocolate chip cookies

30 jaar geleden

50 g / 2 oz / ¼ kopje boter of margarine, verzacht

75 g / 3 oz / 1/3 kopje reuzel (plantaardig bakvet)

175 g / 6 oz / ¾ kopje zachte bruine suiker

100 g / 7 oz / 1¾ kopjes volkorenmeel (volkoren)

75 g gemalen amandelen

10 ml / 2 theelepels bakpoeder

75 g / 3 oz / ¾ kopje chocoladeschilfers

Geraspte schil van 2 sinaasappels

15 ml / 1 eetlepel sinaasappelsap

1 ei

Poedersuiker (superfijn) om te bestrooien

Klop boter of margarine, vet en bruine suiker schuimig. Voeg de rest van de ingrediënten toe, behalve de poedersuiker, en meng tot een deeg. Rol uit tot een dikte van 5 mm op een met bloem bestoven werkvlak en steek er met een koekjesvorm koekjes uit. Leg op een ingevette bakplaat (voor de koekjes) en bak in een voorverwarmde oven op 180°C in 20 minuten goudbruin.

Pittige sinaasappelkoekjes

10 geleden

225 g / 8 oz / 2 kopjes bloem voor alle doeleinden

2,5 ml / ½ theelepel gemalen kaneel

Een snufje gemengde kruiden (appeltaart)

75 g / 3 oz / 1/3 kopje poedersuiker (super fijn)

150 g / 5 oz / 2/3 kopje boter of margarine, verzacht

2 eierdooiers

Geraspte schil van 1 sinaasappel

75 g pure chocolade (halfzoet)

Meng de bloem en de kruiden en voeg dan de suiker toe. Klop de boter of margarine, eierdooiers en sinaasappelschil en mix tot een gladde massa. Wikkel het in transparant plastic en laat het 1 uur afkoelen.

Doe het deeg in een grote sterpunt (heuvel) en spuitzak op een ingevette (koek) bakvorm. Bak in een op 190°C voorverwarmde oven in 10 minuten goudbruin. Laat het afkoelen.

Smelt de chocolade in een hittebestendige kom die je boven een pan met water plaatst. Doop de uiteinden van de koekjes in de gesmolten chocolade en laat ze opstijven op een vel bakpapier.

Pindakaas koekjes

18 jaar geleden

100 g / 4 oz / ½ kopje boter of margarine, verzacht

100 g / 4 oz / ½ kopje poedersuiker (superfijn)

100 g / 4 oz / ½ kopje gewone of knapperige pindakaas

60 ml / 4 eetlepels golden syrup (lichte mais)

15 ml / 1 eetlepel melk

175 g / 6 oz / 1½ kopje bloem voor alle doeleinden

2,5 ml / ½ theelepel baking soda (baking soda)

Klop de boter of margarine en de suiker schuimig. Roer de pindakaas erdoor, dan de siroop en de melk. Meng de bloem en bakpoeder, meng het dan door de massa en kneed tot een gladde massa. Vorm een blok en zet in de koelkast tot het stevig is.

Snijd in plakken van 5 mm/¼ dik en leg ze op een licht beboterde bakplaat. Bak de koekjes (koekjes) in een op 180°C voorverwarmde oven in 12 minuten goudbruin.

Pindakaas en chocolade swirls

Het serveert 24

50 g / 2 oz / ¼ kopje boter of margarine, verzacht

50 g / 2 oz / ¼ kopje zachte bruine suiker

50 g / 2 oz / ¼ kopje poedersuiker (superfijn)

50 g / 2 oz / ¼ kopje gewone pindakaas

1 eigeel

75 g bloem voor alle doeleinden

2,5 ml / ½ theelepel baking soda (baking soda)

50 g pure chocolade (halfzoet)

Klop de boter of margarine en de suiker schuimig. Roer geleidelijk de pindakaas erdoor en daarna de eidooier. Meng de bloem en bakpoeder en meng dit door het beslag tot een stevig deeg. Smelt ondertussen de chocolade in een hittebestendige kom boven heet water. Rol het deeg uit tot 30 x 46 cm en verdeel de gesmolten chocolade tot bijna aan de randen. Rol de lange zijde op, wikkel in folie (plasticfolie) en zet in de koelkast tot het stevig is.

Snijd de rol in plakken van 5 mm/¼ en leg ze op een ingevette bakplaat. Bak in een op 180°C voorverwarmde oven in 10 minuten goudbruin.

Havermout Pindakaas Koekjes

Het serveert 24

75 g / 3 oz / 1/3 kopje boter of margarine, verzacht

75 g / 3 oz / 1/3 kop pindakaas

150 g / 5 oz / 2/3 kopje zachte bruine suiker

1 ei

50 g / 2 oz / ½ kopje bloem voor alle doeleinden

2,5 ml / ½ theelepel bakpoeder

een snufje zout

Enkele druppels vanille-essence (extract)

75 g gerolde haver

40 g / 1½ oz / 1/3 kop chocoladeschilfers

Klop de boter of margarine, pindakaas en suiker licht en luchtig. Roer er geleidelijk het ei door. Voeg de bloem, bakpoeder en zout toe. Voeg de vanille-essence, havermout en chocoladeschilfers toe. Stort een eetlepel op een ingevette bakplaat en bak de koekjes in een voorverwarmde oven op 180°C/gasstand 4 gedurende 15 minuten.

Honing Kokos Pindakaas Koekjes

Het serveert 24

120 ml / 4 fl oz / ½ kopje olie

175 g / 6 oz / ½ kopje lichte honing

175 g knapperige pindakaas

1 losgeklopt ei

100 g gerolde haver

225 g / 8 oz / 2 kopjes volkoren meel (volkoren)

50 g / 2 oz / ½ kopje gedroogde kokosnoot (versnipperd)

Meng de olie, honing, pindakaas en ei en voeg dan de rest van de ingrediënten toe. Laat eetlepels op een ingevette (koekjes)plaat vallen en iets platdrukken tot ongeveer ¼/6 mm dik. Bak de koekjes (koekjes) in een op 180°C voorverwarmde oven in 12 minuten goudbruin.

Pecan notenkraker

Het serveert 24

100 g / 4 oz / ½ kopje boter of margarine, verzacht

45 ml / 3 eetlepels zachte bruine suiker

100 g bloem voor alle doeleinden

een snufje zout

5 ml / 1 theelepel vanille-essence (extract)

100 g pecannoten, gehakt

Poedersuiker (banketbakker), gezeefd, om te bestuiven

Klop de boter of margarine en de suiker schuimig. Voeg geleidelijk de rest van de ingrediënten toe, behalve de poedersuiker. Vorm balletjes van 3 cm en leg ze op een ingevette (bak)plaat. Bak de koekjes (koekjes) in een op 160°C voorverwarmde oven in 15 minuten goudbruin. Serveer bestrooid met poedersuiker.

Koekjesmolen

Het serveert 24

175 g / 6 oz / 1½ kopje bloem voor alle doeleinden

5 ml / 1 theelepel bakpoeder

een snufje zout

75 g / 3 oz / 1/3 kopje boter of margarine

75 g / 3 oz / 1/3 kopje poedersuiker (super fijn)

Enkele druppels vanille-essence (extract)

20 ml / 4 theelepels water

10 ml / 2 theelepels cacaopoeder (ongezoete chocolade)

Meng de bloem, het bakpoeder en het zout en wrijf de boter of margarine erdoor tot het mengsel op broodkruimels lijkt. Voeg de suiker toe. Voeg de vanille-essence en het water toe en mix tot een gladde massa. Vorm er een bal van en snijd hem vervolgens doormidden. Voeg de cacao toe aan de helft van het deeg. Rol elk stuk deeg uit tot een rechthoek van 25 x 18 cm / 10 x 7 en leg ze op elkaar. Rol voorzichtig zodat ze aan elkaar plakken. Rol het deeg op de lange zijde op en druk voorzichtig aan. Wikkel in folie (plasticfolie) en zet ongeveer 30 minuten in de koelkast.

Snijd het in plakken van 2,5 cm dik en leg ze goed uit elkaar op een ingevette bakplaat. Bak de koekjes in een op 180°C voorverwarmde oven in 15 minuten goudbruin.

Snel schrijvend koekje

12 geleden

75 g / 3 oz / 1/3 kopje boter of margarine

225 g / 8 oz / 2 kopjes bloem voor alle doeleinden

15 ml / 1 eetlepel bakpoeder

2,5 ml / ½ theelepel zout

175 ml karnemelk

Poedersuiker (zoetwaren) op een zeef, om te bestuiven (optioneel)

Wrijf de boter of margarine met de bloem, bakpoeder en zout tot het mengsel op broodkruimels lijkt. Voeg geleidelijk de karnemelk toe om een glad beslag te krijgen. Rol het deeg op een licht met bloem bestoven werkvlak ca. ¾/2 cm dik en snijd ze in plakjes met een koekjesvormer. Leg de koekjes op een ingevette bakplaat (voor de koek) en bak ze in een voorverwarmde oven op 230°C in 10 minuten goudbruin. Bestrooi eventueel met poedersuiker.

rozijnen koekjes

Het serveert 24

100 g / 4 oz / ½ kopje boter of margarine, verzacht

50 g / 2 oz / ¼ kopje poedersuiker (superfijn)

Geraspte schil van 1 citroen

50 g rozijnen

150 g / 5 oz / 1¼ kopjes zelfrijzend bakmeel (gist).

Klop de boter of margarine en de suiker schuimig. Werk de citroenschil erdoor en meng dan de rozijnen en bloem erdoor tot een harde massa. Vorm er balletjes van ter grootte van walnoten en leg ze goed uit elkaar op een ingevette bakplaat en druk ze lichtjes aan met een vork om ze plat te drukken. Bak de koekjes in een op 180°C voorverwarmde oven in 15 minuten goudbruin.

Rozijnen zachte koekjes

Het serveert 36

100 g rozijnen

90 ml / 6 eetlepels kokend water

50 g / 2 oz / ¼ kopje boter of margarine, verzacht

175 g / 6 oz / ¾ kopje poedersuiker (superfijn)

1 ei, licht losgeklopt

2,5 ml / ½ theelepel vanille-essence (extract)

175 g / 6 oz / 1½ kopje bloem voor alle doeleinden

2,5 ml / ½ theelepel bakpoeder

1,5 ml / ¼ theelepel zuiveringszout (zuiveringszout)

2,5 ml / ½ theelepel zout

2,5 ml / ½ theelepel gemalen kaneel

Een snufje geraspte nootmuskaat

50 g / 2 oz / ½ kopje gehakte gemengde noten

Doe de rozijnen en het kokende water in een pan, breng aan de kook, dek af en stoom gedurende 3 minuten. Laat het afkoelen. Klop de boter of margarine en de suiker schuimig. Voeg geleidelijk het ei en de vanille-essence toe. Voeg de bloem, bakpoeder, baking soda, zout en kruiden toe, afgewisseld met de rozijnen en het weekvocht. Voeg de walnoten toe en mix tot een gladde massa. Wikkel in folie (plastic folie) en laat minimaal 1 uur in de koelkast staan.

Stort een eetlepel beslag op een ingevette bakplaat en bak de koekjes in een voorverwarmde oven op 180°C in 10 minuten goudbruin.

Gesneden rozijnen en melasse

Het serveert 24

25 g / 1 oz / 2 el boter of margarine, verzacht

100 g / 4 oz / ½ kopje poedersuiker (superfijn)

1 eigeel

30 ml / 2 eetlepels stroopmelasse (melasse)

75 g krenten

150 g bloem voor alle doeleinden

5 ml / 1 theelepel zuiveringszout (baking soda)

5 ml / 1 theelepel gemalen kaneel

een snufje zout

30 ml / 2 eetlepels koude zwarte koffie

Klop de boter of margarine en de suiker schuimig. Voeg geleidelijk het eigeel en de melasse toe en voeg daarna de krenten toe. Meng de bloem, bakpoeder, kaneel en zout door elkaar en roer dit door het koffiemengsel. Dek het mengsel af en zet het in de koelkast.

Rol uit tot een vierkant van 30 cm en rol het vervolgens uit tot een blok. Leg ze op een ingevette bakplaat en bak ze in een voorverwarmde oven op 180°C/gasstand 4 gedurende 15 minuten tot ze stevig zijn. Snijd in plakjes en laat afkoelen op een rooster.

Ratafia-koekjes

Dient 16

100 g / 4 oz / ½ kopje kristalsuiker

50 g gemalen amandelen

15 ml / 1 eetlepel gemalen rijst

1 eiwit

25 g / 1 oz / ¼ kopje amandelschilfers (in plakjes)

Meng suiker, gemalen amandelen en gemalen rijst. Klop de eiwitten los en blijf 2 minuten kloppen. Plaats cracker(s) ter grootte van een walnoot op een met rijstpapier beklede bakplaat voorzien van een eenvoudig mondstuk van 5 mm (tip). Leg op elke cake een amandelschilfertje. Bak in een op 190°C voorverwarmde oven in 15 minuten goudbruin.

Rijstcrackers en muesli

Het serveert 24

75 g gekookte bruine rijst

50 g muesli

75 g / 3 oz / ¾ kopje volkoren meel (volkoren)

2,5 ml / ½ theelepel zout

2,5 ml / ½ theelepel baking soda (baking soda)

5 ml / 1 tl gemengde gemalen kruiden (appeltaart)

30 ml / 2 eetlepels lichte honing

75 g / 3 oz / 1/3 kopje boter of margarine, verzacht

Meng de rijst, muesli, bloem, zout, baking soda en kruidenmengsel. Klop honing en boter of margarine tot ze zacht zijn. Meng met de rijst. Vorm balletjes ter grootte van een walnoot van het mengsel en leg ze gelijkmatig verdeeld op de ingevette (koeken)plaat. Strijk het lichtjes glad en bak vervolgens in een voorverwarmde oven op 190°C gedurende 15 minuten of tot ze goudbruin zijn. Laat 10 minuten afkoelen en breng het dan over naar een rooster om af te koelen. Bewaar in een luchtdichte container.

Romani-crèmes

10 geleden

25 g / 1 oz / 2 el reuzel (plantaardig vet)

25 g / 1 oz / 2 el boter of margarine, verzacht

50 g / 2 oz / ¼ kopje zachte bruine suiker

2,5 ml / ½ theelepel golden syrup (lichte mais)

50 g / 2 oz / ½ kopje bloem voor alle doeleinden

een snufje zout

25 g gerolde haver

2,5 ml / ½ theelepel gemalen kruidenmengsel (appeltaart)

2,5 ml / ½ theelepel baking soda (baking soda)

10 ml / 2 theelepels kokend water

botercreme glazuur

Klop het vet, de boter of margarine en de suiker schuimig. Roer de siroop erdoor, voeg dan de bloem, zout, haver en kruidenmix toe en roer tot alles goed gemengd is. Los de baking soda op in het water en meng tot een stevig deeg. Vorm 20 balletjes van dezelfde grootte en leg ze goed uit elkaar op de ingevette (koeken)plaat. Maak het een beetje plat met de palm van je hand. Bak in een voorverwarmde oven op 160°C/325°F/gasstand 3 gedurende 15 minuten. Laat afkoelen op de bakplaten. Als ze zijn afgekoeld, combineer je de koekjesparen met de buttercream frosting.

zandkoek

48 geleden

100 g / 4 oz / ½ kopje harde boter of margarine, verzacht

225 g / 8 oz / 1 kopje zachte bruine suiker

1 ei, licht losgeklopt

225 g / 8 oz / 2 kopjes bloem voor alle doeleinden

Eiwit voor glazuur

30 ml / 2 eetlepels gemalen pinda's

Klop de boter of margarine en de suiker schuimig. Klop het ei los en meng het dan met de bloem. Rol heel dun uit op een licht met bloem bestoven werkvlak en steek er vormen uit met een koekjesvormer. Leg de koekjes op een ingevette bakplaat, bestrijk de bovenkant met eiwit en bestrooi met hazelnoten. Bak in een op 180°C voorverwarmde oven in 10 minuten goudbruin.

zure room koekje

Het serveert 24

50 g / 2 oz / ¼ kopje boter of margarine, verzacht

175 g / 6 oz / ¾ kopje poedersuiker (superfijn)

1 ei

60 ml / 4 eetlepels zure room (zure room)

2,5 ml / ½ theelepel vanille-essence (extract)

150 g bloem voor alle doeleinden

2,5 ml / ½ theelepel bakpoeder

75 g / 3 oz / ½ kopje rozijnen

Klop de boter of margarine en de suiker schuimig. Meng geleidelijk het ei, de room en de vanille-essence erdoor. Meng de bloem, bakpoeder en rozijnen en roer dit door het mengsel tot alles goed gemengd is. Druppel ronde theelepels van het mengsel op een licht beboterde (cake)plaat en bak in een voorverwarmde oven op 180°C/gasovenstand gedurende 4 ca. Bak gedurende 10 minuten tot ze goudbruin zijn.

Koekjes van bruine suiker

Het serveert 24

100 g / 4 oz / ½ kopje boter of margarine, verzacht

100 g / 4 oz / ½ kopje zachte bruine suiker

1 ei, licht losgeklopt

2,5 ml / 1 theelepel vanille-essence (extract)

150 g bloem voor alle doeleinden

2,5 ml / ½ theelepel baking soda (baking soda)

een snufje zout

75 g / 3 oz / ½ kopje rozijnen (goudrozijnen)

Klop de boter of margarine en de suiker schuimig. Voeg geleidelijk het ei en de vanille-essence toe. Mix de overige ingrediënten tot een gladde massa. Laat goed verdeelde ronde theelepels op een licht ingevette bakplaat vallen. Bak de koekjes (koekjes) in een op 180°C voorverwarmde oven in 12 minuten goudbruin.

Nootmuskaat suikerkoekje

Het serveert 24

50 g / 2 oz / ¼ kopje boter of margarine, verzacht

100 g / 4 oz / ½ kopje poedersuiker (superfijn)

1 eigeel

2,5 ml / ½ theelepel vanille-essence (extract)

150 g bloem voor alle doeleinden

5 ml / 1 theelepel bakpoeder

Een snufje geraspte nootmuskaat

60 ml / 4 eetlepels zure room (zure room)

Klop de boter of margarine en de suiker schuimig. Klop het eigeel en de vanille-essence los en voeg dan de bloem, het bakpoeder en de nootmuskaat toe. Meng met de room tot een gladde massa. Dek af en laat 30 minuten afkoelen.

Rol het deeg uit tot een dikte van ¼/5 mm en steek er met een koekjesvormer cirkels van 2/5 cm uit. Leg de koekjes op een niet-ingevette bakplaat en bak ze in een voorverwarmde oven op 200°C in 10 minuten goudbruin.

Zandkoek

Voor 8 personen

150 g bloem voor alle doeleinden

een snufje zout

25 g / 1 oz / ¼ kopje rijstmeel of gemalen rijst

50 g / 2 oz / ¼ kopje poedersuiker (superfijn)

100 g / 4 oz / ¼ kopje harde boter of margarine, gekoeld en geraspt

Meng de bloem, zout en rijstmeel of gemalen rijst. Voeg de suiker toe en vervolgens de boter of margarine. Bewerk het mengsel met je vingertoppen tot het op broodkruimels lijkt. Druk in een sandwichvorm (vorm) van 18 cm en strijk de bovenkant glad. Prik het geheel in met een vork en snijd de bodem in acht gelijke partjes. 1 uur laten afkoelen.

Bak in een voorverwarmde oven op 150°C/300°F/gasstand 2 gedurende 1 uur tot het licht strogeel is. Laat afkoelen in de vorm alvorens te vormen.

kerstcake

12 geleden

175 g / 6 oz / ¾ kopje boter of margarine

250 g bloem voor alle doeleinden

75 g / 3 oz / 1/3 kopje poedersuiker (super fijn)

Voor dressing:

15 ml / 1 eetlepel gehakte amandelen

15 ml / 1 eetlepel walnoten, gehakt

30 ml / 2 eetlepels rozijnen

30 ml / 2 eetlepels geglaceerde kersen (gekonfijt), gehakt

Geraspte schil van 1 citroen

15 ml / 1 eetlepel poedersuiker (superfijn) om te bestuiven

Wrijf de boter of margarine door de bloem tot het mengsel op broodkruimels lijkt. Voeg de suiker toe. Het mengsel wordt tot een pasta geperst en tot een gladde massa gekneed. Druk in een beboterde Zwitserse muffinpan (jelly muffin pan) en strijk het oppervlak glad. Meng de ingrediënten voor de dressing en druk deze door het deeg. Snijd in 12 vingerringen en bak in een voorverwarmde oven op 180°C gedurende 30 minuten. Bestrooi met poedersuiker, snij in ringen en laat afkoelen in de pan.

zandkoek met honing

12 geleden

100 g / 4 oz / ½ kopje boter of margarine, verzacht

75 g / 3 oz / ¼ kopje honing

200 g / 7 oz / 1¾ kopjes volkorenmeel (volkoren)

25 g / 1 oz / ¼ kopje bruine rijstmeel

Geraspte schil van 1 citroen

Klop boter of margarine en honing tot ze zacht zijn. Voeg de bloem en de citroenrasp toe en kneed tot je een soepel deeg krijgt. Druk in een ingevette en met bloem bestoven cake- of zanddeegvorm van 18 cm doorsnee en prik gaatjes met een vork. Snijd in 12 plakken en vouw de randen naar binnen. 1 uur laten afkoelen.

Bak in een voorverwarmde oven op 150°C/300°F/gasstand 2 in 40 minuten goudbruin. Snijd in gemarkeerde stukken en laat afkoelen in de pan.

Citroencake

12 geleden

100 g bloem voor alle doeleinden

50 g / 2 oz / ½ kopje maïsmeel (maizena)

100 g / 4 oz / ½ kopje boter of margarine, verzacht

50 g / 2 oz / ¼ kopje poedersuiker (superfijn)

Geraspte schil van 1 citroen

Poedersuiker (superfijn) om te bestrooien

Zeef de bloem en maizena samen. Klop de boter of margarine schuimig en roer dan de poedersuiker erdoor tot schuimig. Voeg de citroenschil toe en meng het bloemmengsel goed. Rol de cake uit tot een cirkel van 8/8-inch en plaats deze op een ingevette (koekjes) bakplaat. Prik in het geheel met een vork en vijl de randen bij. Snijd in 12 plakjes en bestrooi ze met poedersuiker. Koel in de koelkast gedurende 15 minuten. Bak in een op 160°C voorverwarmde oven in 35 minuten licht goudbruin. Laat 5 minuten afkoelen op de bakplaat voordat je ze op een rooster legt om af te koelen.

zandkoekje van gehakt

Voor 8 personen

175 g / 6 oz / ¾ kopje boter of margarine, verzacht

50 g / 2 oz / ¼ kopje poedersuiker (superfijn)

225 g / 8 oz / 2 kopjes bloem voor alle doeleinden

60 ml / 4 eetlepels gehakt

Klop boter of margarine en suiker tot ze zacht zijn. Meng de bloem erdoor en vervolgens het gehakt. Druk het in een sandwichpan van 23 cm en strijk de bovenkant waterpas. Prik er met een vork gaatjes in en snijd de bodem in acht partjes. 1 uur laten afkoelen.

Bak in een voorverwarmde oven op 160°C/325°F/gasstand 3 gedurende 1 uur tot het licht strogeel is. Laat afkoelen in de vorm alvorens te vormen.

walnoten taart

12 geleden

100 g / 4 oz / ½ kopje boter of margarine, verzacht

50 g / 2 oz / ¼ kopje poedersuiker (superfijn)

100 g bloem voor alle doeleinden

50 g / 2 oz / ½ kopje gemalen rijst

50 g / 2 oz / ½ kopje amandelen, fijngehakt

Klop de boter of margarine en de suiker schuimig. Voeg de bloem en gemalen rijst toe. Voeg de walnoten toe en mix tot je een stevig deeg krijgt. Kneed lichtjes tot een gladde massa. Druk op de bodem van een beboterde Zwitserse muffinpan (jelly muffin pan) en strijk het oppervlak glad. Prik alles in met een vork. Bak in een op 160°C voorverwarmde oven in 45 minuten licht goudbruin. Laat 10 minuten in de pan afkoelen en snij dan in vingers. Laat in de doos volledig afkoelen voordat u gaat vormen.

oranje zandkoek

12 geleden

100 g bloem voor alle doeleinden

50 g / 2 oz / ½ kopje maïsmeel (maizena)

100 g / 4 oz / ½ kopje boter of margarine, verzacht

50 g / 2 oz / ¼ kopje poedersuiker (superfijn)

Geraspte schil van 1 sinaasappel

Poedersuiker (superfijn) om te bestrooien

Zeef de bloem en maizena samen. Klop de boter of margarine schuimig en roer dan de poedersuiker erdoor tot schuimig. Voeg de sinaasappelschil toe en meng het bloemmengsel goed. Rol de cake uit tot een cirkel van 8/8-inch en plaats deze op een ingevette (koekjes) bakplaat. Prik in het geheel met een vork en vijl de randen bij. Snijd in 12 plakjes en bestrooi ze met poedersuiker. Koel in de koelkast gedurende 15 minuten. Bak in een op 160°C voorverwarmde oven in 35 minuten licht goudbruin. Laat 5 minuten afkoelen op de bakplaat voordat je ze op een rooster legt om af te koelen.

rijke man zandkoek

Het serveert 36

Voor de stichting:

225 g boter of margarine

275 g bloem voor alle doeleinden

100 g / 4 oz / ½ kopje poedersuiker (superfijn)

Voor de vulling:

225 g boter of margarine

225 g / 8 oz / 1 kopje zachte bruine suiker

60 ml / 4 eetlepels golden syrup (lichte mais)

400 g / 14 oz blikje gecondenseerde melk

Enkele druppels vanille-essence (extract)

Voor dressing:

225 g pure chocolade (halfzoet)

Wrijf voor de basis de boter of margarine door de bloem, voeg dan de suiker toe en kneed het mengsel tot een hard deeg. Druk op de bodem van een geoliede, met folie beklede swiss roll-vorm (jelly roll-pan). Bak in een op 180°C voorverwarmde oven in 35 minuten goudbruin. Laat het afkoelen in de doos.

Smelt voor de vulling de boter of margarine, suiker, siroop en gecondenseerde melk in een pan op laag vuur onder voortdurend roeren. Breng aan de kook en kook op laag vuur gedurende 7 minuten onder voortdurend roeren. Haal van het vuur, voeg de vanille-essence toe en meng goed. Giet over de bodem en laat afkoelen en opstijven.

Smelt de chocolade in een hittebestendige kom die je boven een pan met water plaatst. Spreid de karamellaag erover uit en kras de patronen in met een vork. Laat afkoelen en opstijven en snij dan in vierkanten.

Volkoren havermoutcake

10 geleden

100 g / 4 oz / ½ kopje boter of margarine

150 g / 5 oz / 1¼ kopjes volkorenmeel (volkoren)

25 g havermout

50 g / 2 oz / ¼ kopje zachte bruine suiker

Wrijf de boter of margarine door de bloem tot het mengsel op broodkruimels lijkt. Voeg de suiker toe en kneed zachtjes tot je een glad, kruimelig deeg hebt. Rol uit op een licht met bloem bestoven werkvlak in ca. 1 cm dik en steek er cirkels van 5 cm uit met een koekjesvormer. Leg voorzichtig op een ingevette (koeken)plaat en bak in een voorverwarmde oven op 150°C/300°F/gasstand 3 gedurende ongeveer 40 minuten, tot ze goudbruin en stevig zijn.

amandel wervelingen

Dient 16

175 g / 6 oz / ¾ kopje boter of margarine, verzacht

50 g banketbakkerssuiker, gezeefd

2,5 ml / ½ theelepel amandelessence (extract)

175 g / 6 oz / 1½ kopje bloem voor alle doeleinden

8 geglaceerde (gekonfijte) kersen, gehalveerd of in vieren gesneden

Poedersuiker (banketbakker), gezeefd, om te bestuiven

Klop de boter of margarine en suiker los. Voeg de amandelessence en bloem toe. Doe het mengsel in een grote spuitzak met een stervormig spuitmondje (tip). Leg 16 schroeven plat op een ingevette (koekjes)bakplaat. Bedek elk met een stukje kers. Bak in een op 160°C voorverwarmde oven in 20 minuten licht goudbruin. Laat 5 minuten afkoelen in de vorm, plaats op een rooster en bestrooi met poedersuiker.

Chocoladecake met meringue

Het serveert 24

100 g / 4 oz / ½ kopje boter of margarine, verzacht

5 ml / 1 theelepel vanille-essence (extract)

4 eiwitten

200 g bloem voor alle doeleinden

50 g / 2 oz / ¼ kopje poedersuiker (superfijn)

45 ml / 3 eetlepels cacaopoeder (ongezoete chocolade)

100 g banketbakkerssuiker, gezeefd

Klop de boter of margarine, de vanille-essence en de twee eiwitten los. Meng de bloem, suiker en cacao erdoor en meng geleidelijk door het botermengsel. Druk in een ingevette vierkante pan van 30 cm. Klop de overige eiwitten los met de poedersuiker en strooi erover. Bak in een op 190°C voorverwarmde oven in 20 minuten goudbruin. Snijd in reepjes.

koekjes mensen

ongeveer 12 jaar geleden

100 g / 4 oz / ½ kopje boter of margarine, verzacht

100 g / 4 oz / ½ kopje poedersuiker (superfijn)

1 losgeklopt ei

225 g / 8 oz / 2 kopjes bloem voor alle doeleinden

Wat kruisbessen en geglaceerde kersen (gekonfijt)

Klop de boter of margarine en suiker los. Voeg geleidelijk het ei toe en klop goed. Roer de bloem erdoor met een metalen lepel. Rol het mengsel op een licht met bloem bestoven werkblad uit tot een dikte van ongeveer 5 mm. Steek de mensen uit met een koekjesvormer of mes en rol de uitsparingen opnieuw uit tot je al het deeg hebt gebruikt. Leg op een ingevette (biscuit)plaat en druk de krenten tegen de oogjes en knopjes. Snijd kersenplakken voor de mond. Bak de koekjes (koekjes) in een op 190°C voorverwarmde oven in 10 minuten goudbruin. Laat afkoelen op een rooster.

IJscake met gember

Er kunnen twee taarten van 20 cm van gemaakt worden

Voor de cupcakes:

225 g / 8 oz / 1 kopje boter of margarine, verzacht

100 g / 4 oz / ½ kopje poedersuiker (superfijn)

275 g bloem voor alle doeleinden

10 ml / 2 theelepels bakpoeder

10 ml / 2 theelepels gemalen gember

Voor het glazuur (glazuur):

50 g / 2 oz / ¼ kopje boter of margarine

15 ml / 1 eetlepel golden syrup (lichte mais)

100 g banketbakkerssuiker, gezeefd

5 ml / 1 theelepel gemalen gember

Meng voor de cake boter of margarine en suiker tot schuim. Meng de andere ingrediënten van de cake, verdeel hem dan doormidden en druk hem in twee beboterde sandwichvormen van 20 cm doorsnee. Bak in een voorverwarmde oven op 160°C/325°F/gasstand 3 gedurende 40 minuten.

Smelt voor het glazuur de boter of margarine en de siroop in een pan. Voeg de poedersuiker en gember toe en meng goed. Over beide koekjes gieten, laten afkoelen en in plakjes snijden.

Shrewsbury-koekjes

Het serveert 24

100 g / 4 oz / ½ kopje boter of margarine, verzacht

100 g / 4 oz / ½ kopje poedersuiker (superfijn)

1 eigeel

225 g / 8 oz / 2 kopjes bloem voor alle doeleinden

5 ml / 1 theelepel bakpoeder

5 ml / 1 theelepel geraspte citroenschil

Klop de boter of margarine en de suiker schuimig. Klop geleidelijk de eierdooier erdoor, meng dan de bloem, het bakpoeder en de citroenschil erdoor en meng met de hand tot een geheel. Rol uit tot een dikte van ¼ / 5 mm en steek er cirkels van 2¼ inch / 6 cm uit met een koekjesvormer. Leg de koekjes op een gelijkmatig ingevette bakplaat en prik ze in met een vork. Bak in een op 180°C voorverwarmde oven in 15 minuten licht goudbruin.

Spaanse kruidenkoekjes

Dient 16

90 ml / 6 eetlepels olijfolie

100 g / 4 oz / ½ kopje kristalsuiker

100 g bloem voor alle doeleinden

15 ml / 1 eetlepel bakpoeder

10 ml / 2 theelepels gemalen kaneel

3 eieren

Geraspte schil van 1 citroen

30 ml / 2 eetlepels poedersuiker (banketbakker), gezeefd

Verhit de olie in een kleine pan. Meng suiker, bloem, bakpoeder en kaneel. Klop de eieren en de citroenrasp los in een aparte kom. Voeg de droge ingrediënten en olie toe tot een glad beslag. Giet het mengsel in een goed ingevette Zwitserse muffinpan (jelly muffin pan) en bak in een op 180°C voorverwarmde oven in 30 minuten goudbruin. Zet het uit, laat het afkoelen, snijd het dan in driehoeken en bestrooi de koekjes (koekjes) met poedersuiker.

Ouderwetse kruidige koekjes

Het serveert 24

75 g / 3 oz / 1/3 kopje boter of margarine

50 g / 2 oz / ¼ kopje poedersuiker (superfijn)

45 ml / 3 eetlepels stroopmelasse (melasse)

175 g / 6 oz / ¾ kopje bloem voor alle doeleinden

5 ml / 1 theelepel gemalen kaneel

5 ml / 1 tl gemengde gemalen kruiden (appeltaart)

2,5 ml / ½ theelepel gemalen gember

2,5 ml / ½ theelepel baking soda (baking soda)

Smelt de boter of margarine, suiker en melasse op laag vuur. Meng de bloem, kruiden en baking soda in een kom. Giet bij het melassemengsel en roer tot alles goed gemengd is. Mix tot een gladde massa en vorm er balletjes van. Leg ze op een ingevette (koeken)plaat op ruime afstand van elkaar en druk ze aan met een vork. Bak de koekjes in een voorverwarmde oven op 180°C gedurende 12 minuten tot ze stevig en goudbruin zijn.

melasse koekjes

Het serveert 24

75 g / 3 oz / 1/3 kopje boter of margarine, verzacht

100 g / 4 oz / ½ kopje zachte bruine suiker

1 eigeel

30 ml / 2 eetlepels stroopmelasse (melasse)

100 g bloem voor alle doeleinden

5 ml / 1 theelepel zuiveringszout (baking soda)

een snufje zout

5 ml / 1 theelepel gemalen kaneel

2,5 ml / ½ theelepel gemalen kruidnagel

Klop de boter of margarine en de suiker schuimig. Meng geleidelijk de eidooier en melasse erdoor. Meng de bloem, bakpoeder, zout en kruiden door elkaar en roer dit door het mengsel. Dek af en zet in de koelkast.

Rol van het mengsel balletjes van 3 cm/1½ en leg ze op een ingevette (koeken)plaat. Bak de koekjes (koekjes) in een op 180°C voorverwarmde oven gedurende 10 minuten tot ze hard zijn.

Melasse, perzik en walnootkoekjes

ongeveer 24 jaar geleden

50 g / 2 oz / ¼ kopje boter of margarine

50 g / 2 oz / ¼ kopje poedersuiker (superfijn)

50 g / 2 oz / ¼ kopje zachte bruine suiker

1 ei, licht losgeklopt

2,5 ml / ½ theelepel baking soda (baking soda)

30 ml / 2 eetlepels warm water

45 ml / 3 eetlepels stroopmelasse (melasse)

25 g / 1 oz kant-en-klare gedroogde abrikozen, gehakt

25 g / 1 oz / ¼ kopje gehakte gemengde noten

100 g bloem voor alle doeleinden

een snufje zout

Een snufje gemalen kruidnagel

Klop de boter of margarine en de suiker schuimig. Roer er geleidelijk het ei door. Meng de baking soda met het water en meng dit met de rest van de ingrediënten. Schep lepels vol op een ingevette (koeken)plaat en bak in een voorverwarmde oven op 180°C, gasstand 4, gedurende 10 minuten.

Melasse en karnemelkkoekjes

Het serveert 24

50 g / 2 oz / ¼ kopje boter of margarine, verzacht

50 g / 2 oz / ¼ kopje zachte bruine suiker

150 ml / ¼ pt / 2/3 kop blackstrap melasse (melasse)

150 ml karnemelk

175 g / 6 oz / 1½ kopje bloem voor alle doeleinden

2,5 ml / ½ theelepel baking soda (baking soda)

Mix de boter of margarine en suiker schuimig, meng daarna de melasse en karnemelk afwisselend met de bloem en bakpoeder. Schep grote lepels op een ingevette (koeken)plaat en bak in een voorverwarmde oven op 190°C/gasstand 5 gedurende 10 minuten.

Melasse en koffiekoekjes

Het serveert 24

60 g reuzel (plantaardig vet)

50 g / 2 oz / ¼ kopje zachte bruine suiker

75 g / 3 oz / ¼ kopje stroopmelasse (melasse)

2,5 ml / ½ theelepel vanille-essence (extract)

200 g bloem voor alle doeleinden

5 ml / 1 theelepel zuiveringszout (baking soda)

een snufje zout

2,5 ml / ½ theelepel gemalen gember

2,5 ml / ½ theelepel gemalen kaneel

60 ml / 4 eetlepels koude zwarte koffie

Klop het vet en de suiker schuimig. Voeg de melasse-essence en vanille toe. Meng de bloem, bakpoeder, zout en kruiden en voeg het mengsel afwisselend met de koffie toe. Dek af en zet enkele uren in de koelkast.

Rol het deeg uit tot een dikte van ¼/5 mm en steek er met een koekjesvormer cirkels van 2/5 cm uit. Leg de koekjes op een niet-ingevette bakplaat (voor het koekje) en bak ze 10 minuten in een voorverwarmde oven op 190°C/375°F/gasstand 5 tot ze stevig zijn.

Koekjes met melasse en dadels

ongeveer 24 jaar geleden

50 g / 2 oz / ¼ kopje boter of margarine, verzacht

50 g / 2 oz / ¼ kopje poedersuiker (superfijn)

50 g / 2 oz / ¼ kopje zachte bruine suiker

1 ei, licht losgeklopt

2,5 ml / ½ theelepel baking soda (baking soda)

30 ml / 2 eetlepels warm water

45 ml / 3 eetlepels stroopmelasse (melasse)

25 g / 1 oz / ¼ kopje ontpitte dadels (ontpit), gehakt

100 g bloem voor alle doeleinden

een snufje zout

Een snufje gemalen kruidnagel

Klop de boter of margarine en de suiker schuimig. Roer er geleidelijk het ei door. Meng de baking soda met het water en meng met de rest van de ingrediënten. Schep lepels vol op een ingevette (koeken)plaat en bak in een voorverwarmde oven op 180°C, gasstand 4, gedurende 10 minuten.

Melasse en gemberkoekjes

Het serveert 24

50 g / 2 oz / ¼ kopje boter of margarine, verzacht

50 g / 2 oz / ¼ kopje zachte bruine suiker

150 ml / ¼ pt / 2/3 kop blackstrap melasse (melasse)

150 ml karnemelk

175 g / 6 oz / 1½ kopje bloem voor alle doeleinden

2,5 ml / ½ theelepel baking soda (baking soda)

2,5 ml / ½ theelepel gemalen gember

1 losgeklopt ei om te smeren

Mix de boter of margarine en de suiker schuimig, meng daarna de melasse en karnemelk afwisselend met de bloem, baking soda en gemalen gember. Schep grote lepels op een ingevette (koeken)plaat en bestrijk de bovenkant met losgeklopt ei. Bak in een voorverwarmde oven op 190°C/375°F/gasstand 5 gedurende 10 minuten.

Vanille koekje

Het serveert 24

150 g / 5 oz / 2/3 kopje boter of margarine, verzacht

100 g / 4 oz / ½ kopje poedersuiker (superfijn)

1 losgeklopt ei

225 g / 8 oz / 2 kopjes zelfrijzend bakmeel (gist)

een snufje zout

10 ml / 2 theelepels vanille-essence (extract)

Glacé kersen (gekonfijt) voor decoratie

Klop de boter of margarine en de suiker schuimig. Klop het ei beetje bij beetje los, voeg dan de bloem, het zout en de vanille-essence toe en meng tot een deeg. Kneed tot een gladde massa. Wikkel in folie en zet 20 minuten in de koelkast.

Rol het deeg dun uit en snijd het in plakjes met een koekjesvormer. Schik in een ingevette (koek)pan en leg op elk een kers. Bak de koekjes in een op 180°C voorverwarmde oven in 10 minuten goudbruin. Laat 10 minuten afkoelen op de bakplaat voordat je ze op een rooster legt om af te koelen.

Walnoot koekjes

Het serveert 36

100 g / 4 oz / ½ kopje boter of margarine, verzacht

100 g / 4 oz / ½ kopje zachte bruine suiker

100 g / 4 oz / ½ kopje poedersuiker (superfijn)

1 groot ei, licht losgeklopt

200 g bloem voor alle doeleinden

5 ml / 1 theelepel bakpoeder

2,5 ml / ½ theelepel baking soda (baking soda)

120 ml karnemelk

50 g / 2 oz / ½ kopje walnoten, gehakt

Klop de boter of margarine en de suikers los. Klop het ei er geleidelijk door en voeg dan de bloem, het bakpoeder en de baksoda toe, afgewisseld met de karnemelk. Voeg de walnoten toe. Schep kleine lepels op een ingevette bakplaat en bak de koekjes in een voorverwarmde oven op 190°C gedurende 10 minuten.

knapperige koekjes

Het serveert 24

25 g / 1 oz verse gist of 40 ml / 2½ el droge gist

450 ml / ¾ pt / 2 kopjes warme melk

900 g / 2 lbs / 8 kopjes sterk gewoon (brood) meel

175 g / 6 oz / ¾ kopje boter of margarine, verzacht

30 ml / 2 eetlepels lichte honing

2 losgeklopte eieren

Losgeklopt ei om in te vetten

Meng de gist met een beetje warme melk en laat 20 minuten rijzen op een warme plaats. Doe de bloem in een kom en verdeel de boter of margarine erover. Voeg het gistmengsel, de resterende warme melk, honing en ei toe en meng tot een gladde massa. Kneed tot een gladde en elastische massa op een licht met bloem bestoven werkvlak. Doe het in een met olie ingevette kom, dek af met met olie ingevette folie (plastic folie) en laat het op een warme plaats 1 uur rijzen tot het in volume verdubbeld is.

Kneed nogmaals, vorm er lange, platte broodjes van en leg ze op een ingevette (koeken)plaat. Dek af met geoliede folie en laat 20 minuten rusten op een warme plaats.

Bestrijk met losgeklopt ei en bak in een voorverwarmde oven op 200°C/400°F/gasstand 6 gedurende 20 minuten. Laat het een nacht afkoelen.

Snijd in dunne plakjes en bak in een voorverwarmde oven op 150°C/gasstand 2 in 30 minuten weer krokant en goudbruin.

cheddar kaascrackers

12 geleden

50 g / 2 oz / ¼ kopje boter of margarine

200 g bloem voor alle doeleinden

15 ml / 1 eetlepel bakpoeder

een snufje zout

50 g / 2 oz / ½ kopje geraspte cheddar kaas

175 ml melk

Wrijf de boter of margarine met de bloem, bakpoeder en zout tot het mengsel op broodkruimels lijkt. Voeg de kaas toe en roer er voldoende melk door om een glad beslag te maken. Op een licht met bloem bestoven werkvlak uitrollen tot een dikte van ¾/2 cm en in plakken snijden met een koekjesvormer. Leg op een ingevette bakplaat (voor koekjes) en bak de koekjes in een voorverwarmde oven op 200°C in 15 minuten goudbruin.

Crackers met blauwe kaas

12 geleden

50 g / 2 oz / ¼ kopje boter of margarine

200 g bloem voor alle doeleinden

15 ml / 1 eetlepel bakpoeder

50 g / 2 oz / ½ kopje Stilton-kaas, geraspt of verkruimeld

175 ml melk

Wrijf de boter of margarine door de bloem en het bakpoeder tot het mengsel op broodkruimels lijkt. Voeg de kaas toe en roer er voldoende melk door om een glad beslag te maken. Op een licht met bloem bestoven werkvlak uitrollen tot een dikte van ¾/2 cm en in plakken snijden met een koekjesvormer. Leg op een ingevette bakplaat (voor koekjes) en bak de koekjes in een voorverwarmde oven op 200°C in 15 minuten goudbruin.

Kaas en sesamcrackers

Het serveert 24

75 g / 3 oz / 1/3 kopje boter of margarine

75 g / 3 oz / ¾ kopje volkoren meel (volkoren)

75 g / 3 oz / ¾ kopje cheddarkaas, versnipperd

30 ml / 2 eetlepels sesamzaadjes

Zout en versgemalen zwarte peper

1 losgeklopt ei

Wrijf de boter of margarine door de bloem tot het mengsel op broodkruimels lijkt. Voeg de kaas en de helft van de sesamzaadjes toe en breng op smaak met zout en peper. We drukken samen om een hard deeg te krijgen. Rol het deeg op een licht met bloem bestoven werkblad uit tot een dikte van ongeveer 5 mm / ¼ inch en steek er cirkels uit met een koekjesvormer. Leg de koekjes (koekjes) op een ingevette bakplaat (voor koekjes), bestrijk met ei en bestrooi met de overige sesamzaadjes. Bak in een op 190°C voorverwarmde oven in 10 minuten goudbruin.

Kaas stokjes

Dient 16

225 gram bladerdeeg

1 losgeklopt ei

100 g / 4 oz / 1 kop Cheddar of sterke kaas, geraspt

15 ml / 1 eetlepel geraspte Parmezaanse kaas

Zout en versgemalen zwarte peper

Rol het deeg (deeg) uit tot ongeveer 5 mm / ¼ dik en bestrijk rijkelijk met losgeklopt ei. Bestrooi met kaas en breng op smaak met zout en peper. Snijd in reepjes en draai de reepjes voorzichtig in spiralen. Leg op een bevochtigde bakplaat (voor koekjes) en bak in een voorverwarmde oven op 220°C / 425°F / gasstand 7 gedurende ca. Bak gedurende 10 minuten tot ze zacht en goudbruin zijn.

Kaas- en tomatencrackers

12 geleden

50 g / 2 oz / ¼ kopje boter of margarine

200 g bloem voor alle doeleinden

15 ml / 1 eetlepel bakpoeder

een snufje zout

50 g / 2 oz / ½ kopje geraspte cheddar kaas

15 ml / 1 eetlepel tomatenpuree (pasta)

150 ml melk

Wrijf de boter of margarine met de bloem, bakpoeder en zout tot het mengsel op broodkruimels lijkt. Voeg de kaas toe, roer de tomatenpuree erdoor en voldoende melk om een glad deeg te maken. Op een licht met bloem bestoven werkvlak uitrollen tot een dikte van ¾/2 cm en in plakken snijden met een koekjesvormer. Leg op een ingevette bakplaat (voor koekjes) en bak de koekjes in een voorverwarmde oven op 200°C in 15 minuten goudbruin.

Geitenkaas bites

30 jaar geleden

2 vellen diepvriesfilodeeg (pasta), ontdooid

50 g / 2 oz / ¼ kopje ongezouten boter, gesmolten

50 g geitenkaas, in blokjes

5 ml / 1 theelepel Provençaalse kruiden

Bestrijk een vel filodeeg met gesmolten boter, leg het tweede vel erop en bestrijk met boter. Snijd in 30 gelijke vierkanten, leg er een stuk kaas op en bestrooi met kruiden. Breng de hoeken bij elkaar en draai ze, en bestrijk opnieuw met gesmolten boter. Leg op een ingevette (koeken)plaat en bak in een voorverwarmde oven op 180°C/gasstand 4 tot ze krokant en goudbruin zijn.

Broodje ham en mosterd

Dient 16

225 gram bladerdeeg

30 ml / 2 eetlepels Franse mosterd

100 g gekookte ham, gehakt

Zout en versgemalen zwarte peper

Rol het deeg (deeg) uit tot een dikte van ongeveer 5 mm. Besmeer het met de mosterd, bestrooi het met de ham en breng op smaak met zout en peper. Rol het deeg uit tot een langwerpige worst, snijd het in plakken van 1 cm/½ en leg het op een met bakpapier bevochtigde bakplaat. In een voorverwarmde oven, op 220°C, gasstand 7 voor ca. Bak gedurende 10 minuten tot ze goudbruin zijn.

Ham en peperkoekjes

30 jaar geleden

225 g / 8 oz / 2 kopjes bloem voor alle doeleinden

15 ml / 1 eetlepel bakpoeder

5 ml / 1 theelepel gedroogde tijm

5 ml / 1 theelepel poedersuiker (superfijn)

2,5 ml / ½ theelepel gemalen gember

Een snufje geraspte nootmuskaat

Een snufje zuiveringszout (baking soda)

Zout en versgemalen zwarte peper

50 g plantaardig bakvet (bakvet)

50 g gekookte ham, gehakt

30 ml / 2 eetlepels fijngehakte groene paprika

175 ml karnemelk

Meng de bloem, bakpoeder, tijm, suiker, gember, nootmuskaat, baking soda, zout en peper. Wrijf het plantaardige bakvet erdoor tot het mengsel op broodkruimels lijkt. Voeg de ham en peper toe. Voeg beetje bij beetje de karnemelk toe en mix tot een gladde massa. Kneed een paar seconden op een licht met bloem bestoven oppervlak tot een gladde massa. Rol uit tot een plak van 2 cm/¾ en snijd met een koekjesvormer in plakken. Leg de koekjes op gepaste afstand op een ingevette bakplaat (voor de koek) en bak ze in een voorverwarmde oven op 220°C met gasstand 7 gedurende 12 minuten tot ze zacht en goudbruin zijn.

Simpele kruidenkoekjes

Voor 8 personen

225 g / 8 oz / 2 kopjes bloem voor alle doeleinden

15 ml / 1 eetlepel bakpoeder

5 ml / 1 theelepel poedersuiker (superfijn)

2,5 ml / ½ theelepel zout

50 g / 2 oz / ¼ kopje boter of margarine

15 ml / 1 eetlepel verse bieslook, in reepjes gesneden

een snufje paprika

vers gemalen zwarte peper

45 ml / 3 eetlepels melk

45 ml / 3 eetlepels water

Meng de bloem, bakpoeder, suiker en zout. Wrijf boter of margarine erdoor tot het mengsel op broodkruimels lijkt. Meng de bieslook, paprika en peper naar smaak. Voeg de melk en het water toe en mix tot je een glad deeg hebt. Kneed tot een gladde massa op een licht met bloem bestoven werkvlak, rol dan uit tot een dikte van ¾/2 cm en snijd met een koekjesvormer in plakken. Leg de biscuit(s) ver uit elkaar op een ingevette bakplaat(ken) en bak in een voorverwarmde oven op 200°C / 400°F / gasstand 6 gedurende 15 minuten tot ze gepoft en goudbruin zijn.

Indiase koekjes

voor 4 personen

100 g bloem voor alle doeleinden

100 g / 4 oz / 1 kopje griesmeel (crème van tarwe)

175 g / 6 oz / ¾ kopje poedersuiker (superfijn)

75 g / 3 oz / ¾ kopje kikkererwtenmeel

175 g / 6 oz / ¾ kopje ghee

Meng alle ingrediënten in een kom en wrijf ze met je handpalmen tot een hard deeg. Je hebt misschien wat meer ghee nodig als het mengsel te droog is. Vorm kleine balletjes en druk ze in een koekjesvorm. Leg ze op een ingevette en met bakpapier beklede bakplaat en bak ze 30-40 minuten in een op 150°C voorverwarmde oven tot ze lichtbruin zijn. Bij het bakken van koekjes kunnen haarscheurtjes ontstaan.

Shortbread met hazelnoten en bosui

12 geleden

75 g / 3 oz / 1/3 kopje boter of margarine, verzacht

175 g / 6 oz / 1½ kopjes volkoren meel (volkoren)

10 ml / 2 theelepels bakpoeder

1 fijngehakte lente-ui

50 g / 2 oz / ½ kopje hazelnoten, gehakt

10 ml / 2 theelepels paprikapoeder

15 ml / 1 eetlepel koud water

Wrijf de boter of margarine door de bloem en het bakpoeder tot het mengsel op broodkruimels lijkt. Voeg de sjalotten, hazelnoten en paprika toe. Voeg het koude water toe en kneed tot een deeg. Rol het uit, druk het in een Swiss roll-vorm van 30 x 20 cm (jelly roll-vorm) en prik er gaatjes in met een vork. Markeer je vingers. Bak in een voorverwarmde oven op 200°C/400°F/gasstand 6 in 10 minuten goudbruin.

Zalm en dille koekjes

12 geleden

225 g / 8 oz / 2 kopjes bloem voor alle doeleinden

5 ml / 1 theelepel poedersuiker (superfijn)

2,5 ml / ½ theelepel zout

20 ml / 4 theelepels bakpoeder

100 g / 4 oz / ½ kopje boter of margarine, in blokjes

90 ml / 6 eetlepels water

90 ml / 6 eetlepels melk

100 g gerookte zalm gesneden, in blokjes

60 ml / 4 eetlepels gehakte verse dille (dille)

Meng de bloem, suiker, zout en bakpoeder en wrijf de boter of margarine erdoor tot het mengsel op broodkruimels lijkt. Voeg beetje bij beetje de melk en het water toe en mix tot een soepel deeg ontstaat. Voeg de zalm en dille toe en mix tot een gladde massa. Rol uit tot 1 inch dik en snijd in plakjes met een koekjesvormer. Leg de biscuit(s) op een gelijkmatig ingevette bakplaat(ken) en bak in een voorverwarmde oven op 220°C / 425°F / gasstand 7 gedurende 15 minuten goudbruin.

Soda-koekje

12 geleden

45 ml / 3 eetlepels reuzel (boter)

225 g / 8 oz / 2 kopjes bloem voor alle doeleinden

5 ml / 1 theelepel zuiveringszout (baking soda)

5 ml / 1 theelepel wijnsteen

een snufje zout

250 ml karnemelk

Wrijf het vet met de bloem, baking soda, room van wijnsteen en zout tot het mengsel op broodkruimels lijkt. Voeg de melk toe en meng tot een glad deeg is verkregen. Rol uit op een licht met bloem bestoven werkvlak tot een dikte van 1 cm/½ en steek uit met een koekjesvormer. Leg de biscuit(s) op een ingevette bakplaat(ken) en bak in een voorverwarmde oven op 230°C / 450°F / gasstand 8 in 10 minuten goudbruin.

Tomaat en Parmezaanse molen

Dient 16

225 gram bladerdeeg

30 ml / 2 eetlepels tomatenpuree (pasta)

100 g geraspte Parmezaanse kaas

Zout en versgemalen zwarte peper

Rol het deeg (deeg) uit tot een dikte van ongeveer 5 mm. Bestrijk het met de tomatenpuree, bestrooi met de kaas en breng op smaak met zout en peper. Rol het deeg uit tot een langwerpige worst, snijd het in plakken van 1 cm/½ en leg het op een met bakpapier bevochtigde bakplaat. In een voorverwarmde oven, op 220°C, gasstand 7 voor ca. Bak gedurende 10 minuten tot ze goudbruin zijn.

Tomaten- en kruidenkoekjes

12 geleden

225 g / 8 oz / 2 kopjes bloem voor alle doeleinden

5 ml / 1 theelepel poedersuiker (superfijn)

2,5 ml / ½ theelepel zout

40 ml / 2½ eetlepels bakpoeder

100 g / 4 oz / ½ kopje boter of margarine

30 ml / 2 eetlepels melk

30 ml / 2 eetlepels water

4 rijpe tomaten, geschild, ontpit en in stukjes gesneden

45 ml / 3 eetlepels gehakte verse basilicum

Meng de bloem, suiker, zout en bakpoeder. Wrijf boter of margarine erdoor tot het mengsel op broodkruimels lijkt. Voeg de melk, het water, de tomaten en de basilicum toe en meng tot een gladde massa. Kneed een paar seconden op een licht met bloem bestoven werkvlak, rol dan uit tot een lap van 2,5 cm dik en snijd in plakken met een koekjesvormer. Leg de koekjes op een gelijkmatig ingevette bakplaat en bak ze in een voorverwarmde oven op 230°C/425°F/gasstand 7 gedurende 15 minuten tot ze zacht en goudbruin zijn.

Basis witbrood

Voor drie broden van 450 g

25 g / 1 oz verse gist of 40 ml / 2½ el droge gist

10 ml / 2 theelepels suiker

900 ml / 1½ punten / 3¾ kopjes warm water

25 g / 1 oz / 2 el reuzel (plantaardig vet)

1,5 kg / 3 lbs / 12 kopjes sterk gewoon (brood)meel

15 ml / 1 eetlepel zout

Meng de gist met de suiker en een beetje warm water en laat het op een warme plaats 20 minuten rijzen tot het schuimig wordt. Wrijf het reuzel door de bloem en het zout, voeg dan het gistmengsel toe en voldoende water om te mengen tot je een stevig deeg hebt dat netjes loskomt van de zijkanten van de kom. Kneed op een licht met bloem bestoven oppervlak of in een keukenmachine tot het elastisch is en niet meer plakkerig. Leg het deeg in een ingevette kom, dek af met geoliede folie (plasticfolie) en laat het ongeveer 1 uur op een warme plaats staan, tot het in volume is verdubbeld en elastisch aanvoelt.

Kneed het deeg opnieuw tot het stijf is, verdeel het in drie delen en doe het in ingevette bakvormen van 450 g/1 lb of vorm er broden van naar keuze. Dek af en laat het ongeveer 40 minuten rusten op een warme plaats, totdat het deeg boven de vormpjes uitsteekt.

Bak in een voorverwarmde oven op 230°C/gasstand 8 gedurende 30 minuten, tot de broden beginnen te krimpen vanaf de zijkanten van de vormpjes, goudbruin en stevig zijn en hol als je op de bodem klopt.

bagels

12 geleden

15 g / ½ oz verse gist of 20 ml / 4 theelepels droge gist

5 ml / 1 theelepel poedersuiker (superfijn)

300 ml warme melk

50 g / 2 oz / ¼ kopje boter of margarine

450 g / 1 lb / 4 kopjes sterk gewoon (brood) meel

een snufje zout

1 eigeel

30 ml / 2 eetlepels maanzaad

Roer de gist met de suiker en een beetje warme melk door elkaar en laat op een warme plaats 20 minuten rijzen tot het schuimig is. Wrijf de boter of margarine in met de bloem en het zout en maak een kuiltje in het midden. Voeg het gistmengsel, de resterende warme melk en het eigeel toe en mix tot een gladde massa. Kneed tot het deeg elastisch is en niet meer plakkerig. Doe het in een met olie ingevette kom, dek af met met olie ingevette folie (plastic folie) en laat het op een warme plaats ongeveer 1 uur rijzen tot het in volume verdubbeld is.

Kneed het deeg een beetje en snijd het in 12 delen. Rol elk in een reep van ongeveer 15 cm lang en draai ze in een ring. Leg op een ingevette (koeken)plaat, dek af en laat 15 minuten rusten.

Breng een grote pan water aan de kook en zet het vuur laag. Laat een ring in het kokende water vallen en kook 3 minuten, draai hem een keer om, haal hem eruit en leg hem op een (koeken)plaat. Ga verder met de overige bagels. Bestrooi de bagels met maanzaad en bak ze in een op 230°C voorverwarmde oven in 20 minuten goudbruin.

baps

12 geleden

25 g / 1 oz verse gist of 40 ml / 2½ el droge gist

5 ml / 1 theelepel poedersuiker (superfijn)

150 ml warme melk

50 g / 2 oz / ¼ kopje reuzel (bakvet)

450 g / 1 lb / 4 kopjes sterk gewoon (brood) meel

5 ml / 1 theelepel zout

150 ml warm water

Roer de gist met de suiker en een beetje warme melk door elkaar en laat op een warme plaats 20 minuten rijzen tot het schuimig is. Wrijf het reuzel met de bloem, voeg dan het zout toe en maak een kuiltje in het midden. Voeg het gistmengsel, de resterende melk en het water toe en meng tot een gladde massa. Kneed tot het elastisch is en niet meer plakkerig. Doe in een met olie ingevette kom en dek af met geoliede folie (plasticfolie). Laat ongeveer 1 uur op een warme plaats staan tot het verdubbeld is in volume.

Vorm van het deeg 12 platte broodjes en leg ze op een ingevette (bak)plaat. Laat het 15 minuten staan.

Bak in een op 230°C voorverwarmde oven in 15-20 minuten goudbruin.

romig gerstebrood

Maakt een reep van 900 g / 2 lb

15 g / ½ oz verse gist of 20 ml / 4 theelepels droge gist

een snufje suiker

350 ml warm water

400 g / 14 oz / 3½ kopjes sterk (brood)meel

175 g / 6 oz / 1½ kopjes gerstemeel

een snufje zout

45 ml / 3 el eenvoudige room (light)

Meng de gist met de suiker en een beetje warm water en laat het op een warme plaats 20 minuten rijzen tot het schuimig wordt. Meng de bloem en het zout in een kom, voeg het gistmengsel, de room en het resterende water toe en meng tot een stevig deeg. Kneed tot een gladde massa en niet meer plakkerig. Doe het in een met olie ingevette kom, dek af met met olie ingevette folie (plastic folie) en laat het op een warme plaats ongeveer 1 uur rijzen tot het in volume verdubbeld is.

Kneed het lichtjes, vorm het dan in een met olie ingevette bakplaat van 900 g, dek het af en laat het 40 minuten op een warme plaats staan, tot het deeg boven de rand van de vorm uitsteekt.

Bak in een voorverwarmde oven op 220°C gedurende 10 minuten, verlaag dan de oventemperatuur tot 190°C/375°F/gasstand 5 en bak nog eens 25 minuten tot het gestold is. hol geluid wanneer de basis wordt geraakt.

bier brood

Maakt een reep van 900 g / 2 lb

450 g / 1 lb / 4 kopjes zelfrijzend bakmeel (gist)

5 ml / 1 theelepel zout

350 ml / 12 fl oz / 1½ kopjes bier

Meng de ingrediënten tot je een glad deeg krijgt. Vorm een ingevette broodvorm van 900 g, dek af en laat 20 minuten op een warme plaats staan. Bak in een op 190°C voorverwarmde oven in 45 minuten goudbruin en hoor je een hol geluid als je op de bodem tikt.

Boston bruin brood

Voor drie broden van 450 g

100 g / 4 oz / 1 kopje roggemeel

100 g maïsmeel

100 g / 4 oz / 1 kopje volkoren meel (volkoren)

5 ml / 1 theelepel zuiveringszout (baking soda)

5 ml / 1 theelepel zout

250 g / 9 oz / ¾ kopje blackstrap melasse (melasse)

500 ml / 16 fl oz / 2 kopjes karnemelk

175 g rozijnen

Meng de droge ingrediënten, voeg dan de melasse, karnemelk en rozijnen toe en mix tot een gladde massa. Giet het mengsel in drie ingevette vlablikken van 450 g, dek af met perkamentpapier (met was behandeld) en aluminiumfolie en bind het vast met touw om de bovenkant af te dichten. Plaats in een grote pan en vul met voldoende heet water om tot halverwege de zijkanten van de kommen te komen. Breng het water aan de kook, dek de pan af en laat 2 1/2 uur sudderen, vul indien nodig aan met kokend water. Haal de kommen uit de pan en laat iets afkoelen. Serveer warm met boter.

zemelen potten

3 geleden

25 g / 1 oz verse gist of 40 ml / 2½ el droge gist

5 ml / 1 theelepel suiker

600 ml / 1 pt / 2½ kopjes warm water

675 g / 1½ lb / 6 kopjes volkoren meel (volkoren)

25 g / 1 oz / ¼ kopje sojameel

5 ml / 1 theelepel zout

50 g zemelen

melk voor het glazuur

45 ml / 3 eetlepels geraspte tarwe

Je hebt drie nieuwe, schone kleipotten van 13 cm / 5 cm nodig. Spreid ze goed uit en bak ze 30 minuten in een hete oven zodat ze niet breken.

Roer de gist met de suiker en een beetje warm water en laat het staan tot het schuimig wordt. Meng de bloem, het zout en de zemelen en maak een kuiltje in het midden. Meng het warme water en de gist samen en kneed tot je een hard deeg krijgt. Leg op een met bloem bestoven oppervlak en kneed ongeveer 10 minuten tot een gladde en elastische massa. Je kunt dit ook in een keukenmachine doen. Doe het deeg in een schone kom, dek af met geoliede vershoudfolie (plasticfolie) en laat het op een warme plaats ongeveer 1 uur rijzen tot het in volume verdubbeld is.

Leg op een met bloem bestoven oppervlak en kneed opnieuw gedurende 10 minuten. Vorm de drie ingevette schalen, dek af en laat 45 minuten staan, tot het deeg boven de schalen uitsteekt.

Bestrijk het deeg met melk en besprenkel met gebroken tarwe. Bak in een voorverwarmde oven op 230°C/450°F/gasstand 8 gedurende 15 minuten. Verlaag de oventemperatuur tot

200°C/400°F/gasstand 6 en bak nog eens 30 minuten tot het goed gerezen en gestold is. Zet uit en laat afkoelen.

boter broodje

12 geleden

450 g Basis witbrooddeeg

100 g / 4 oz / ½ kopje boter of margarine, in blokjes

Maak het brooddeeg en laat het rijzen tot het verdubbeld is in volume en elastisch aanvoelt.

Kneed het deeg opnieuw en meng het met boter of margarine. Vorm 12 broodjes en leg ze goed uit elkaar op een ingevette (bak)plaat. Dek af met geoliede folie (plastic folie) en laat op een warme plaats ca. 1 uur tot verdubbeld in omvang.

Bak in een op 230°C voorverwarmde oven in 20 minuten goudbruin en als je op de bodem tikt hol klinkt.

karnemelk brood

Maakt een reep van 675 g / 1½ lb

450 g / 1 lb / 4 kopjes bloem voor alle doeleinden

5 ml / 1 theelepel wijnsteen

5 ml / 1 theelepel zuiveringszout (baking soda)

250 ml karnemelk

Meng de bloem, wijnsteen en baking soda in een kom en maak een kuiltje in het midden. Voeg voldoende karnemelk toe om tot een glad deeg te mengen. Vorm er een cirkel van en leg deze op een ingevette (koeken)plaat. Bak in een voorverwarmde oven op 220°C, gasstand 7, gedurende 20 minuten tot ze mooi gerezen en goudbruin zijn.

Canadees Maïsbrood

Maakt een staaf van 23 cm / 9 inch

150 g bloem voor alle doeleinden

75 g / 3 oz / ¾ kopje maïsmeel

15 ml / 1 eetlepel bakpoeder

2,5 ml / ½ theelepel zout

100 g ahornsiroop

100 g / 4 oz / ½ kopje reuzel (plantaardig vet), gesmolten

2 losgeklopte eieren

Meng de droge ingrediënten samen, voeg dan de siroop, reuzel en ei toe en meng goed. Giet in een ingevette bakvorm van 23 cm en bak in een voorverwarmde oven op 220°C gedurende 25 minuten, tot het mooi rijst en goudbruin wordt en begint te slinken aan de zijkanten. Uit de doos.

Cornish rol

12 geleden

25 g / 1 oz verse gist of 40 ml / 2½ el droge gist

15 ml / 1 eetlepel poedersuiker (superfijn)

300 ml warme melk

50 g / 2 oz / ¼ kopje boter of margarine

450 g / 1 lb / 4 kopjes sterk gewoon (brood) meel

een snufje zout

Roer de gist met de suiker en een beetje warme melk door elkaar en laat op een warme plaats 20 minuten rijzen tot het schuimig is. Wrijf de boter of margarine in met de bloem en het zout en maak een kuiltje in het midden. Voeg het gistmengsel en de resterende melk toe en meng tot een gladde massa. Kneed tot het elastisch is en niet meer plakkerig. Doe in een met olie ingevette kom en dek af met geoliede folie (plasticfolie). Laat ongeveer 1 uur op een warme plaats staan tot het verdubbeld is in volume.

Vorm van het deeg 12 platte broodjes en leg ze op een ingevette (bak)plaat. Dek af met geoliede folie en laat 15 minuten rusten.

Bak in een op 230°C voorverwarmde oven in 15-20 minuten goudbruin.

land plat brood

Ze bakt zes kleine broden

10 ml / 2 theelepels droge gist

15 ml / 1 eetlepel lichte honing

120 ml warm water

350 g / 12 oz / 3 kopjes sterk (brood)meel

5 ml / 1 theelepel zout

50 g / 2 oz / ¼ kopje boter of margarine

5 ml / 1 theelepel komijn

5 ml / 1 theelepel gemalen koriander

5 ml / 1 theelepel gemalen kardemom

120 ml warme melk

60 ml / 4 eetlepels sesamzaadjes

Meng de gist en de honing met 45 ml / 3 eetlepels warm water en 15 ml / 1 eetlepel bloem en laat op een warme plaats in ongeveer 20 minuten schuimig worden. Meng de resterende bloem met het zout, verkruimel de boter of margarine, voeg de komijn, koriander en kardemom toe en maak een kuiltje in het midden. Voeg het gistmengsel, het resterende water en voldoende melk toe om een soepel deeg te maken. Kneed goed tot stevig en niet meer plakkerig. Doe in een met olie ingevette kom, dek af met met olie ingevette folie (plasticfolie) en laat op een warme plaats ca. Laat het 30 minuten rijzen tot het in volume verdubbeld is.

Kneed het deeg opnieuw en vorm er platte cakes van. Leg op een ingevette (koek)plaat en bestrijk met melk. Bestrooi met sesamzaadjes. Dek af met geoliede folie en laat 15 minuten rusten.

Bak in een voorverwarmde oven op 200°C/400°F/gasstand 6 in 30 minuten goudbruin.

Country klaproos vlecht

Maakt een reep van 450 g / 1 lb

275 g bloem voor alle doeleinden

25 g / 1 oz / 2 el poedersuiker (superfijn)

5 ml / 1 theelepel zout

10 ml / 2 tl gemakkelijk te mengen droge gist

175 ml melk

25 g / 1 oz / 2 el boter of margarine

1 ei

Een beetje melk of eiwit voor smering

30 ml / 2 eetlepels maanzaad

Meng de bloem, suiker, zout en gist. Verwarm de melk met de boter of margarine, meng dan de bloem met het ei en kneed tot een hard deeg. Kneed tot het elastisch is en niet meer plakkerig. Doe het in een met olie ingevette kom, dek af met met olie ingevette folie (plastic folie) en laat het op een warme plaats ongeveer 1 uur rijzen tot het in volume verdubbeld is.

Kneed opnieuw en drie ca. Vorm er een worst van 20 cm lang van. Maak een uiteinde van elke strook nat en druk ze tegen elkaar, vlecht vervolgens de stroken in elkaar, maak de uiteinden nat en sluit ze af. Leg op een ingevette (koek)plaat, dek af met ingevette plasticfolie en bak ca. Laat het 40 minuten rusten tot het in volume verdubbeld is.

Bestrijk met melk of eiwit en bestrooi met maanzaad. In een voorverwarmde oven op 190°C, gasstand 5 voor ca. Bak in 45 minuten goudbruin.

Landelijk volkorenbrood

Voor twee broden van 450 g

20 ml / 4 theelepels droge gist

5 ml / 1 theelepel poedersuiker (superfijn)

600 ml / 1 pt / 2½ kopjes warm water

25 g plantaardig vet (bakvet)

800 g / 1¾ lb / 7 kopjes volkorenmeel (volkoren)

10 ml / 2 theelepels zout

10 ml / 2 theelepels moutextract

1 losgeklopt ei

25 g / 1 oz / ¼ kopje geraspte tarwe

Meng de gist met de suiker en een beetje warm water en laat het ongeveer 20 minuten staan tot het schuimig wordt. Wrijf het vet in met de bloem, het zout en het moutextract en maak een kuiltje in het midden. Voeg het gistmengsel en het resterende warme water toe en meng tot een gladde massa. Kneed goed tot het elastisch is en niet meer plakkerig. Doe het in een met olie ingevette kom, dek af met met olie ingevette folie (plastic folie) en laat het op een warme plaats ongeveer 1 uur rijzen tot het in volume verdubbeld is.

Kneed het deeg opnieuw en maak er twee ingevette vormpjes van 450 g/1 lb van. Laat het ongeveer 40 minuten rusten op een warme plaats, totdat het deeg boven de vormpjes uitsteekt.

Bestrijk de bovenkant van het broodje grondig met eigeel en bestrooi met geraspte tarwe. In een voorverwarmde oven op 230°C, gasstand 8 voor ca. Bak in 30 minuten goudbruin en de bodem is hol als je erop tikt.

kerrie touw

Voor twee broden van 450 g

120 ml warm water

30 ml / 2 eetlepels droge gist

225 g / 8 oz / 2/3 kopje lichte honing

25 g / 1 oz / 2 el boter of margarine

30 ml / 2 eetlepels kerriepoeder

675 g / 1½ lb / 6 kopjes bloem voor alle doeleinden

10 ml / 2 theelepels zout

450 ml / ¾ pt / 2 kopjes karnemelk

1 ei

10 ml / 2 theelepels water

45 ml / 3 eetlepels amandelschilfers (in plakjes)

Meng het water met de gist en 5 ml / 1 theelepel honing en laat 20 minuten schuimen. Smelt de boter of margarine, voeg dan de kerriepoeder toe en laat 1 minuut sudderen. Voeg de resterende honing toe en haal van het vuur. Doe de helft van de bloem en het zout in een kom, maak een kuiltje in het midden. Voeg het gistmengsel, het honingmengsel en de karnemelk toe en voeg geleidelijk de rest van de bloem toe tot je een glad deeg hebt. Kneed tot een gladde en elastische massa. Doe het in een met olie ingevette kom, dek af met ingeoliede plasticfolie en laat het ongeveer 1 uur rijzen op een warme plek, tot het in volume verdubbeld is.

Kneed opnieuw en verdeel het deeg in tweeën. Snijd elk stuk in drie delen en rol er worstjes van 20 cm doorsnee uit. Maak het ene uiteinde van elke strip nat en druk twee keer tegen elkaar om te verzegelen. Wikkel de twee sets linten samen en verzegel de uiteinden. Leg op een ingevette (koek)plaat, dek af met ingevette folie (plasticfolie) en bak ca. Laat het 40 minuten rusten tot het in volume verdubbeld is.

Klop het ei los met water en verdeel het over het brood, bestrooi met amandelen. Bak in een op 190°C voorverwarmde oven in 40 minuten goudbruin en als je op de bodem tikt hol klinkt.

devon splitst

12 geleden

25 g / 1 oz verse gist of 40 ml / 2½ el droge gist

5 ml / 1 theelepel poedersuiker (superfijn)

150 ml warme melk

50 g / 2 oz / ¼ kopje boter of margarine

450 g / 1 lb / 4 kopjes sterk gewoon (brood) meel

150 ml warm water

Roer de gist met de suiker en een beetje warme melk door elkaar en laat op een warme plaats 20 minuten rijzen tot het schuimig is. Verkruimel de boter of margarine met de bloem en maak een kuiltje in het midden. Voeg het gistmengsel, de resterende melk en het water toe en meng tot een gladde massa. Kneed tot het elastisch is en niet meer plakkerig. Doe in een met olie ingevette kom en dek af met geoliede folie (plasticfolie). Laat ongeveer 1 uur op een warme plaats staan tot het verdubbeld is in volume.

Vorm van het deeg 12 platte broodjes en leg ze op een ingevette (bak)plaat. Laat het 15 minuten staan.

Bak in een op 230°C voorverwarmde oven in 15-20 minuten goudbruin.

Tarwekiembrood met fruit

Maakt een reep van 900 g / 2 lb

225 g / 8 oz / 2 kopjes bloem voor alle doeleinden

5 ml / 1 theelepel zout

5 ml / 1 theelepel zuiveringszout (baking soda)

5 ml / 1 theelepel bakpoeder

175 g / 6 oz / 1½ kopjes tarwekiemen

100 g maïsmeel

100 g gerolde haver

350 g / 12 oz / 2 kopjes sultana's (gouden rozijnen)

1 ei, licht losgeklopt

250 ml / 8 fl oz / 1 kop yoghurt

150 ml / ¼ pt / 2/3 kop blackstrap melasse (melasse)

60 ml / 4 eetlepels golden syrup (lichte mais)

30 ml / 2 eetlepels olie

Meng de droge ingrediënten en de rozijnen door elkaar en maak een kuiltje in het midden. Meng de eieren, yoghurt, melasse, siroop en olie, voeg dan de droge ingrediënten toe en meng tot een gladde massa. Vorm een ingevette broodvorm (vorm) van 900 g en bak in een voorverwarmde oven op 180°C gedurende 1 uur tot het stevig is. Laat 10 minuten afkoelen in de vorm voordat je hem op een rooster stort om af te koelen.

Fruitige melkvlechten

Voor twee broden van 450 g

15 g / ½ oz verse gist of 20 ml / 4 theelepels droge gist

5 ml / 1 theelepel poedersuiker (superfijn)

450 ml / ¾ pt / 2 kopjes warme melk

50 g / 2 oz / ¼ kopje boter of margarine

675 g / 1½ lb / 6 kopjes bloem voor alle doeleinden

een snufje zout

100 g rozijnen

25 g / 1 oz / 3 el krenten

25 g / 1 oz / 3 el gemengde schil (gekonfijt) gehakt

melk voor het glazuur

Roer de gist los met de suiker en een beetje warme melk. Laat ongeveer 20 minuten op een warme plaats staan tot het schuimig is. Wrijf de boter of margarine in met de bloem en het zout, voeg de rozijnen, krenten en gemengde schillen toe en maak een kuiltje in het midden. Meng de resterende warme melk en gist erdoor en kneed tot een gladde maar niet plakkerige massa. Doe in een met olie ingevette kom en dek af met geoliede folie (plasticfolie). Laat ongeveer 1 uur op een warme plaats staan tot het verdubbeld is in volume.

Kneed opnieuw een beetje en verdeel het dan in tweeën. Verdeel elke helft in drieën en rol in een worstvorm. Bevochtig een uiteinde van elke rol en druk er voorzichtig drie in, wikkel het deeg, bevochtig en verzegel de uiteinden. Herhaal met de andere deegvlecht. Leg op een ingevette (koeken)plaat, dek af met ingevette folie (plasticfolie) en laat ongeveer 15 minuten rusten.

Bestrijk met een beetje melk en bak in een voorverwarmde oven op 200°C/400°F/gasstand 6 gedurende 30 minuten, tot ze goudbruin en hol zijn als je op de bodem tikt.

schuur brood

Voor twee broden van 900 g

25 g / 1 oz verse gist of 40 ml / 2½ el droge gist

5 ml / 1 theelepel honing

450 ml / ¾ pt / 2 kopjes warm water

350 g / 12 oz / 3 kopjes volkoren meel

350 g / 12 oz / 3 kopjes volkorenmeel (volkoren)

15 ml / 1 eetlepel zout

15 g / ½ oz / 1 el boter of margarine

Meng de gist met de honing en een beetje warm water en laat op een warme plaats ca. Laat 20 minuten rijzen tot het schuimig is. Meng de bloem met het zout en smeer het in met boter of margarine. Voeg het gistmengsel toe en voldoende warm water om een zacht deeg te maken. Kneed op een licht met bloem bestoven oppervlak tot een gladde massa en niet meer plakkerig. Doe het in een met olie ingevette kom, dek af met met olie ingevette folie (plastic folie) en laat het op een warme plaats ongeveer 1 uur rijzen tot het in volume verdubbeld is.

Kneed opnieuw en maak er twee ingevette bakvormen van 900 g/2 lb van. Dek af met geoliede folie en laat rusten tot het deeg de bovenkant van de dozen bereikt.

Bak in een op 220°C voorverwarmde oven in 25 minuten goudbruin en als je op de bodem tikt klinkt het hol.

schuur rol

12 geleden

15 g / ½ oz verse gist of 20 ml / 2½ el droge gist

5 ml / 1 theelepel poedersuiker (superfijn)

300 ml warm water

450 g / 1 lb / 4 kopjes bloem voor alle doeleinden

5 ml / 1 theelepel zout

5 ml / 1 eetlepel moutextract

30 ml / 2 eetlepels geraspte tarwe

Meng de gist met de suiker en een beetje warm water en laat op een warme plek schuimen. Meng de bloem en het zout erdoor en meng dan het gistmengsel, het resterende warme water en het moutextract erdoor. Kneed tot een gladde en elastische massa op een licht met bloem bestoven werkvlak. Doe het in een met olie ingevette kom, dek af met met olie ingevette folie (plastic folie) en laat het op een warme plaats ongeveer 1 uur rijzen tot het in volume verdubbeld is.

Even kneden, er rolletjes van maken en op een ingevette (koeken)plaat leggen. Borstel met water en besprenkel met gebroken tarwe. Dek af met geoliede folie en laat ongeveer 40 minuten op een warme plaats staan tot het volume verdubbeld is.

Bak in een op 220°C voorverwarmde oven gedurende 10-15 minuten tot je een hol geluid hoort als je op de bodem tikt.

Graanschuurbrood met hazelnoten

Maakt een reep van 900 g / 2 lb

15 g / ½ oz verse gist of 20 ml / 4 theelepels droge gist

5 ml / 1 theelepel zachte bruine suiker

450 ml / ¾ pt / 2 kopjes warm water

450 g / 1 lb / 4 kopjes bloem voor alle doeleinden

175 g / 6 oz / 1½ kopjes bloem voor alle doeleinden (brood).

5 ml / 1 theelepel zout

15 ml / 1 eetlepel olijfolie

100 g / 4 oz / 1 kop hazelnoten, grof gehakt

Meng de gist met de suiker en een beetje warm water en laat het op een warme plaats 20 minuten rijzen tot het schuimig wordt. Meng de bloem en het zout in een kom, voeg het gistmengsel, de olie en het resterende warme water toe en meng tot een stevig deeg. Kneed tot een gladde massa en niet meer plakkerig. Doe het in een met olie ingevette kom, dek af met met olie ingevette folie (plastic folie) en laat het op een warme plaats ongeveer 1 uur rijzen tot het in volume verdubbeld is.

Kneed opnieuw licht en werk de walnoten erdoor, vorm dan een ingevette broodvorm van 900 g / 2lb, dek af met ingevette folie en laat 30 minuten op een warme plaats staan, tot het deeg boven de rand van de vorm uitsteekt.

Bak in een op 220°C voorverwarmde oven in 30 minuten goudbruin en de bodem is hol als je erop klopt.

grissini

12 geleden

25 g / 1 oz verse gist of 40 ml / 2½ el droge gist

15 ml / 1 eetlepel poedersuiker (superfijn)

120 ml warme melk

25 g / 1 oz / 2 el boter of margarine

450 g / 1 lb / 4 kopjes sterk gewoon (brood) meel

10 ml / 2 theelepels zout

Meng de gist met 5 ml / 1 theelepel suiker en een beetje warme melk en laat het op een warme plaats 20 minuten rijzen tot het schuimig wordt. Smelt de boter en de resterende suiker in de resterende warme melk. Doe de bloem en het zout in een kom, maak een kuiltje in het midden. Voeg de gist en melk toe en meng tot een nat deeg. Kneed tot een gladde massa. Doe het in een met olie ingevette kom, dek af met met olie ingevette folie (plastic folie) en laat het op een warme plaats ongeveer 1 uur rijzen tot het in volume verdubbeld is.

Kneed het even door, verdeel het dan in 12 en strek het uit tot lange, dunne repen, en leg ze goed uit elkaar op een ingevette (koeken)plaat. Dek af met geoliede plasticfolie en laat 20 minuten op een warme plaats staan.

Bestrijk de soepstengels met water en bak ze 10 minuten in een op 220°C voorverwarmde oven, verlaag dan de oventemperatuur tot 180°C/gasstand 4 en bak nog eens 20 minuten. knapperig.

oogst vlecht

Maakt een reep van 550 g / 1¼ lb

25 g / 1 oz verse gist of 40 ml / 2½ el droge gist

25 g / 1 oz / 2 el poedersuiker (superfijn)

150 ml warme melk

50 g / 2 oz / ¼ kopje boter of margarine, gesmolten

1 losgeklopt ei

450 g / 1 lb / 4 kopjes bloem voor alle doeleinden

een snufje zout

30 ml / 2 eetlepels krenten

2,5 ml / ½ theelepel gemalen kaneel

5 ml / 1 theelepel geraspte citroenschil

melk voor het glazuur

Meng de gist met 2,5 ml / ½ theelepel suiker en een beetje warme melk en laat het ongeveer 20 minuten schuimen op een warme plek. Meng de resterende melk met de boter of margarine en laat iets afkoelen. Roer het ei erdoor. Doe de overige ingrediënten in een kom en maak een kuiltje in het midden. Voeg de melk en gist toe en mix tot een gladde massa. Kneed tot het elastisch is en niet meer plakkerig. Doe in een met olie ingevette kom en dek af met geoliede folie (plasticfolie). Laat ongeveer 1 uur op een warme plaats staan tot het verdubbeld is in volume.

Verdeel het deeg in drie delen en rek het uit in reepjes. Maak het ene uiteinde van elke strook nat en knijp de uiteinden samen, vlecht, bevochtig en zet het andere uiteinde vast. Leg op een ingevette (bak)plaat, dek af met ingevette plasticfolie en laat 15 minuten rijzen op een warme plaats.

Bestrijk met een beetje melk en bak in een voorverwarmde oven op 220°C/425°F/gasstand 7 gedurende 15-20 minuten tot ze goudbruin en hol zijn als je op de bodem tikt.

melk brood

Voor twee broden van 450 g

15 g / ½ oz verse gist of 20 ml / 4 theelepels droge gist

5 ml / 1 theelepel poedersuiker (superfijn)

450 ml / ¾ pt / 2 kopjes warme melk

50 g / 2 oz / ¼ kopje boter of margarine

675 g / 1½ lb / 6 kopjes bloem voor alle doeleinden

een snufje zout

melk voor het glazuur

Roer de gist los met de suiker en een beetje warme melk. Laat ongeveer 20 minuten op een warme plaats staan tot het schuimig is. Wrijf de boter of margarine in met de bloem en het zout en maak een kuiltje in het midden. Meng de resterende warme melk en gist erdoor en kneed tot een gladde maar niet plakkerige massa. Doe in een met olie ingevette kom en dek af met geoliede folie (plasticfolie). Laat ongeveer 1 uur op een warme plaats staan tot het verdubbeld is in volume.

Kneed nogmaals licht, verdeel het mengsel over twee ingevette broodvormen van 450 g, dek af met ingevette folie en laat ca. 15 minuten, tot het deeg boven de vormen uitsteekt.

Bestrijk met een beetje melk en bak in een voorverwarmde oven op 200°C/400°F/gasstand 6 gedurende 30 minuten, tot ze goudbruin en hol zijn als je op de bodem tikt.

fruitbrood met melk

Voor twee broden van 450 g

15 g / ½ oz verse gist of 20 ml / 4 theelepels droge gist

5 ml / 1 theelepel poedersuiker (superfijn)

450 ml / ¾ pt / 2 kopjes warme melk

50 g / 2 oz / ¼ kopje boter of margarine

675 g / 1½ lb / 6 kopjes bloem voor alle doeleinden

een snufje zout

100 g rozijnen

melk voor het glazuur

Roer de gist los met de suiker en een beetje warme melk. Laat ongeveer 20 minuten op een warme plaats staan tot het schuimig is. Wrijf de boter of margarine in met de bloem en het zout, voeg de rozijnen toe en maak een kuiltje in het midden. Meng de resterende warme melk en gist erdoor en kneed tot een gladde maar niet plakkerige massa. Doe in een met olie ingevette kom en dek af met geoliede folie (plasticfolie). Laat ongeveer 1 uur op een warme plaats staan tot het verdubbeld is in volume.

Kneed nogmaals licht, verdeel het mengsel over twee ingevette broodvormen van 450 g, dek af met ingevette folie en laat ca. 15 minuten, tot het deeg boven de vormen uitsteekt.

Bestrijk met een beetje melk en bak in een voorverwarmde oven op 200°C/400°F/gasstand 6 gedurende 30 minuten, tot ze goudbruin en hol zijn als je op de bodem tikt.

ochtend brood

Voor twee broden van 450 g

100 g volle granen

15 ml / 1 eetlepel moutextract

450 ml / ¾ pt / 2 kopjes warm water

25 g / 1 oz verse gist of 40 ml / 2½ el droge gist

30 ml / 2 eetlepels lichte honing

25 g plantaardig vet (bakvet)

675 g / 1½ lb / 6 kopjes volkoren meel (volkoren)

25 g / 1 oz / ¼ kopje droge melk (magere melkpoeder)

5 ml / 1 theelepel zout

Week volkoren granen en moutextract een nacht in warm water.

Meng de gist met wat meer warm water en 5 ml / 1 theelepel honing. Laat ongeveer 20 minuten op een warme plaats staan tot het schuimig is. Wrijf het vet in met de bloem, het melkpoeder en het zout en maak een kuiltje in het midden. Voeg het gistmengsel, de resterende honing en het tarwemengsel toe en meng tot een deeg. Kneed goed tot een gladde massa en niet meer plakkerig. Doe het in een met olie ingevette kom, dek af met met olie ingevette folie (plastic folie) en laat het op een warme plaats ongeveer 1 uur rijzen tot het in volume verdubbeld is.

Kneed het deeg opnieuw en vorm er twee ingevette bakvormen van 450 g/1 lb van. Dek af met geoliede folie en laat 40 minuten op een warme plaats staan, tot het deeg net boven de bovenkant van de bakjes uitkomt.

In een voorverwarmde oven op 200°C, gasstand 7 voor ca. Bak gedurende 25 minuten, tot het goed gerezen is en een hol geluid maakt als je op de bodem tikt.

muffin brood

Voor twee broden van 900 g

300 g / 10 oz / 2½ kopjes volkorenmeel (volkoren)

300 g bloem voor alle doeleinden

40 ml / 2½ eetlepels droge gist

15 ml / 1 eetlepel poedersuiker (superfijn)

10 ml / 2 theelepels zout

500 ml / 17 fl oz / 2¼ kopjes warme melk

2,5 ml / ½ theelepel baking soda (baking soda)

15 ml / 1 eetlepel warm water

Meng de meelsoorten. Meet 350 g van het gemengde meel af in een kom en meng de gist, suiker en zout. Voeg de melk toe en klop tot een gladde massa. Meng de baking soda en het water en meng dan met de resterende bloem tot de massa. Verdeel het mengsel over twee ingevette broodvormen van 900 g, dek af en laat ongeveer 1 uur rijzen tot het volume verdubbeld is.

Bak in een voorverwarmde oven op 190°C/gasstand 5 gedurende 1¼ uur tot ze goed gerezen en goudbruin zijn.

ongezuurd brood

Maakt een reep van 900 g / 2 lb

450 g / 1 lb / 4 kopjes volkorenmeel (volkoren)

175 g zelfrijzend bakmeel

5 ml / 1 theelepel zout

30 ml / 2 eetlepels poedersuiker (superfijn)

450 ml / ¾ pt / 2 kopjes melk

20 ml / 4 theelepels azijn

30 ml / 2 eetlepels olie

5 ml / 1 theelepel zuiveringszout (baking soda)

Meng de bloem, het zout en de suiker en maak een kuiltje in het midden. Meng de melk, azijn, olie en zuiveringszout, giet bij de droge ingrediënten en meng tot een gladde massa. Vorm een ingevette broodvorm (vorm) van 900g en bak in een voorverwarmde oven op 180°C gedurende 1 uur, tot ze goudbruin en hol zijn als je op de bodem tikt.

pizza deeg

Maakt twee pizza's van 23 cm

15 g / ½ oz verse gist of 20 ml / 4 theelepels droge gist

een snufje suiker

250 ml warm water

350 g / 12 oz / 3 kopjes bloem voor alle doeleinden

een snufje zout

30 ml / 2 eetlepels olijfolie

Meng de gist met de suiker en een beetje warm water en laat het op een warme plaats 20 minuten rijzen tot het schuimig wordt. Meng de bloem met het zout en de olijfolie en kneed tot een glad en niet meer plakkerig deeg. Doe het in een met olie ingevette kom, dek af met met olie ingevette folie (plastic folie) en laat het op een warme plaats 1 uur rijzen tot het in volume verdubbeld is. Kneed opnieuw en vorm naar behoefte.

haver op de kolf

Maakt een reep van 450 g / 1 lb

25 g / 1 oz verse gist of 40 ml / 2½ el droge gist

5 ml / 1 theelepel poedersuiker (superfijn)

150 ml warme melk

150 ml warm water

400 g / 14 oz / 3½ kopjes sterk (brood)meel

5 ml / 1 theelepel zout

25 g / 1 oz / 2 el boter of margarine

100 g medium havermout

Meng de gist en suiker met de melk en het water en laat op een warme plek schuimen. Meng de bloem en het zout, verkruimel de boter of margarine en voeg de havermout toe. Maak een kuiltje in het midden, giet het gistmengsel erin en mix tot een gladde massa. Leg op een met bloem bestoven werkvlak en kneed het binnen 10 minuten glad en elastisch. Doe in een met olie ingevette kom, dek af met geoliede folie (plastic folie) en laat op een warme plaats ca. 1 uur tot verdubbeld in omvang.

Kneed het deeg nogmaals en vorm er dan een brood naar keuze van. Leg op een ingevette (koeken)plaat, bestrijk met een beetje water, dek af met ingevette plasticfolie en bak op een warme plaats ca. Laat het 40 minuten rijzen tot het in volume verdubbeld is.

Bak in een voorverwarmde oven op 230°C, gasstand 8, gedurende 25 minuten, tot ze goed gerezen, goudbruin zijn en hol klinken als je op de bodem tikt.

Havermout farl

4 geleden

25 g / 1 oz verse gist of 40 ml / 2½ el droge gist

5 ml / 1 theelepel honing

300 ml warm water

450 g / 1 lb / 4 kopjes sterk gewoon (brood) meel

50 g / 2 oz / ½ kopje middelgrote havermout

2,5 ml / ½ theelepel bakpoeder

een snufje zout

25 g / 1 oz / 2 el boter of margarine

Meng de gist met de honing en een beetje warm water en laat het 20 minuten rijzen op een warme plaats tot het schuimig wordt.

Meng de bloem, havermout, bakpoeder en zout en verkruimel met boter of margarine. Voeg het gistmengsel en het resterende warme water toe en mix tot je een medium-zacht deeg hebt. Kneed tot het elastisch is en niet meer plakkerig. Doe het in een met olie ingevette kom, dek af met met olie ingevette folie (plastic folie) en laat het op een warme plaats ongeveer 1 uur rijzen tot het in volume verdubbeld is.

Kneed nogmaals licht en vorm een cirkel van ca. 3cm dik. Snijd ze in vieren en leg ze iets uit elkaar, maar nog steeds in hun oorspronkelijke ronde vorm, op een ingeoliede (koeken)plaat. Dek af met geoliede folie en laat ongeveer 30 minuten rusten tot het volume verdubbeld is.

Bak in een op 200°C voorverwarmde oven gedurende 30 minuten tot ze goudbruin zijn en een hol geluid maken als je op de bodem tikt.

Pita

Voor 6 personen

15 g / ½ oz verse gist of 20 ml / 4 theelepels droge gist

5 ml / 1 theelepel poedersuiker (superfijn)

300 ml warm water

450 g / 1 lb / 4 kopjes sterk gewoon (brood) meel

5 ml / 1 theelepel zout

Meng de gist, suiker en een beetje warm water en laat 20 minuten op een warme plaats rijzen tot het schuimig is. Meng het gistmengsel en het resterende warme water met de bloem en het zout en kneed tot een stevig deeg. Kneed tot een gladde en elastische massa. Doe het in een met olie ingevette kom, dek af met met olie ingevette folie (plastic folie) en laat het op een warme plaats ongeveer 1 uur rijzen tot het in volume verdubbeld is.

Kneed opnieuw en verdeel in zes delen. Rol ovale vormen uit van ongeveer 5 mm/¼ dik en leg ze op een ingevette (bak)plaat. Dek af met geoliede folie en laat 40 minuten rusten tot het in volume verdubbeld is.

In een voorverwarmde oven op 230°C/450°F/gasstand 8 wordt het in 10 minuten lichtjes bruin.

Snel volkorenbrood

Voor twee broden van 450 g

15 g / ½ oz verse gist of 20 ml / 4 theelepels droge gist

300 ml / ½ pt / 1¼ kopjes warme melk en water gemengd

15 ml / 1 eetlepel stroopmelasse (melasse)

225 g / 8 oz / 2 kopjes volkoren meel (volkoren)

225 g / 8 oz / 2 kopjes bloem voor alle doeleinden

10 ml / 2 theelepels zout

25 g / 1 oz / 2 el boter of margarine

15 ml / 1 eetlepel geraspte tarwe

Meng de gist met een beetje warme melk en water, evenals de melasse, en laat schuimen op een warme plaats. Meng de bloem met het zout en smeer het in met boter of margarine. Maak een kuiltje in het midden en giet het gistmengsel erin tot je een hard deeg krijgt. Leg op een met bloem bestoven werkvlak en kneed het binnen 10 minuten glad en elastisch, of verwerk het in een keukenmachine. Vorm er twee broden van en leg ze in ingevette en met bakpapier beklede bakvormen van 450 g. Borstel de bovenkant met water en besprenkel met gebroken tarwe. Dek af met geoliede folie (plasticfolie) en laat ongeveer 1 uur rijzen op een warme plek tot het verdubbeld is.

Bak in een voorverwarmde oven op 240°C, gasstand 8, gedurende 40 minuten, tot de broden hol klinken als je op de bodem klopt.

nat rijstbrood

Maakt een reep van 900 g / 2 lb

75 g / 3 oz / 1/3 kopje langkorrelige rijst

15 g / ½ oz verse gist of 20 ml / 4 theelepels droge gist

een snufje suiker

250 ml warm water

550 g / 1¼ lb / 5 kopjes sterk (brood)meel

2,5 ml / ½ theelepel zout

Meet de rijst af in een kopje en giet het in een pan. Voeg driemaal de hoeveelheid koud water toe, breng aan de kook, dek af en laat ongeveer 20 minuten sudderen tot het water is opgenomen. Meng ondertussen de gist met de suiker en een beetje warm water en laat het 20 minuten rijzen op een warme plaats tot het schuimig wordt.

Doe de bloem en het zout in een kom, maak een kuiltje in het midden. Voeg het gistmengsel en de warme rijst toe en mix tot je een glad deeg hebt. Doe het in een met olie ingevette kom, dek af met met olie ingevette folie (plastic folie) en laat het op een warme plaats ongeveer 1 uur rijzen tot het in volume verdubbeld is.

Kneed licht, voeg wat meer bloem toe als het deeg te zacht is om mee te werken, en vorm het tot een geoliede broodvorm van 900 g. Dek af met geoliede folie en laat 30 minuten rijzen op een warme plaats, tot het deeg boven de rand van de pan uitsteekt.

Bak in een voorverwarmde oven op 230°C/450°F/gasstand 8 gedurende 10 minuten, verlaag dan de oventemperatuur tot 200°C/400°F/gasstand 6 en bak nog eens 25 minuten tot het gestold is. hol geluid wanneer de basis wordt geraakt.

Rijst en amandelbrood

Maakt een reep van 900 g / 2 lb

175 g / 6 oz / ¾ kopje boter of margarine, verzacht

175 g / 6 oz / ¾ kopje poedersuiker (superfijn)

3 eieren, licht losgeklopt

100 g / 4 oz / 1 kopje sterk gewoon (brood) meel

5 ml / 1 theelepel bakpoeder

een snufje zout

100 g gemalen rijst

50 g gemalen amandelen

15 ml / 1 eetlepel warm water

Klop de boter of margarine en de suiker schuimig. Klop de eieren geleidelijk los en voeg dan de droge ingrediënten en het water toe om een glad beslag te maken. Vorm een ingevette broodvorm (vorm) van 900g en bak in een voorverwarmde oven op 180°C gedurende 1 uur, tot ze goudbruin en hol zijn als je op de bodem tikt.

knapperige koekjes

Het serveert 24

675 g / 1½ lb / 6 kopjes bloem voor alle doeleinden

15 ml / 1 eetlepel wijnsteen

10 ml / 2 theelepels zout

400 g / 14 oz / 1¾ kopjes poedersuiker (superfijn)

250 g / 9 oz / royale 1 kop boter of margarine

10 ml / 2 theelepels zuiveringszout (baking soda)

250 ml karnemelk

1 ei

Meng de bloem, room van wijnsteen en zout. Voeg de suiker toe. Wrijf de boter of margarine erdoor tot het mengsel op broodkruimels lijkt en er een kuiltje in het midden zit. Meng de baking soda met een beetje karnemelk en meng het ei met de overgebleven karnemelk. Bewaar 30 ml / 2 el van het eimengsel voor het bestrijken van de cupcakes. Meng de rest van de droge ingrediënten met het baking soda mengsel en mix tot je een stevig deeg krijgt. Verdeel het deeg in zes gelijke delen en vorm er worstjes van. Maak een beetje plat en snijd elk in zes stukken. Leg op een ingevette (koekjes)plaat en bestrijk met het achtergehouden eimengsel. Bak in een voorverwarmde oven op 200°C/400°F/gasstand 6 in 30 minuten goudbruin.

Beiers roggebrood

Voor twee broden van 450 g

Voor de zuurdesem:

150 g / 5 oz / 1¼ kopjes roggemeel

5 ml / 1 theelepel droge gist

150 ml warm water

Voor het brood:

550 g / 1¼ lb / 5 kopjes volkoren meel (volkoren)

50 g / 2 oz / ½ kopje roggemeel

5 ml / 1 theelepel zout

25 g / 1 oz verse gist of 40 ml / 2½ el droge gist

350 ml warm water

30 ml / 2 eetlepels komijn

Meng een beetje bloem met water tot een pasta.

Meng het roggemeel, de gist en het water met de zuurdesem totdat het transparant wordt. Dek af en laat een nacht staan.

Om het brood te maken, meng je de bloem en het zout. Meng de gist met het warme water en voeg dit toe aan het zuurdesemmeel. Voeg de helft van de komijn toe en meng tot een deeg. Kneed goed tot het elastisch is en niet meer plakkerig. Doe in een met olie ingevette kom, dek af met met olie ingevette folie (plasticfolie) en laat op een warme plaats ca. Laat het 30 minuten rijzen tot het in volume verdubbeld is.

Kneed opnieuw, maak er twee broden van 450 g van en leg ze op een met olie ingevette (koekjes)plaat. Bestrijk het met het bloem- en watermengsel en bestrooi met de resterende komijn. Dek af met geoliede folie en laat 30 minuten rusten.

Bak in een voorverwarmde oven op 230°C op gasstand 8 gedurende 30 minuten tot ze donkerbruin en hol zijn als je op de bodem klopt.

licht roggebrood

Maakt een reep van 675 g / 1½ lb

15 g / ½ oz verse gist of 20 ml / 4 theelepels droge gist

5 ml / 1 theelepel poedersuiker (superfijn)

150 ml warm water

225 g / 8 oz / 2 kopjes roggemeel

400 g / 14 oz / 3½ kopjes sterk (brood)meel

10 ml / 2 theelepels zout

300 ml warme melk

1 losgeklopt eigeel

5 ml / 1 theelepel papaver

Meng de gist met de suiker en het water en laat schuimen op een warme plaats. Meng de bloem en het zout en maak een kuiltje in het midden. Voeg de melk en gist toe en mix tot je een stevig deeg krijgt. Kneed tot een gladde en elastische massa op een licht met bloem bestoven werkvlak. Doe het in een met olie ingevette kom, dek af met met olie ingevette folie (plastic folie) en laat het op een warme plaats ongeveer 1 uur rijzen tot het in volume verdubbeld is.

Kneed nogmaals licht, vorm dan een lang brood en leg op een ingevette (koeken)plaat. Dek af met geoliede folie en laat 30 minuten rusten.

Bestrijk met eigeel en bestrooi met maanzaad. Bak in een voorverwarmde oven op 200°C/400°F/gasstand 6 gedurende 20 minuten. Verlaag de oventemperatuur tot 190°C/gasstand 5 en bak nog eens 15 minuten, tot het brood hol klinkt als je op de bodem tikt.

Roggebrood met tarwekiemen

Maakt een reep van 450 g / 1 lb

15 g / ½ oz verse gist of 20 ml / 4 theelepels droge gist

5 ml / 1 theelepel suiker

450 ml / ¾ pt / 2 kopjes warm water

350 g / 12 oz / 3 kopjes roggemeel

225 g / 8 oz / 2 kopjes bloem voor alle doeleinden

50 g / 2 oz / ½ kopje tarwekiemen

10 ml / 2 theelepels zout

45 ml / 3 eetlepels stroopmelasse (melasse)

15 ml / 1 eetlepel olie

Roer de gist met de suiker en een beetje warm water en zet het dan op een warme plaats totdat het schuimt. Meng de bloem, tarwekiemen en zout en maak een kuiltje in het midden. Voeg het gistmengsel met de melasse en olie toe en mix tot je een glad deeg hebt. Leg op een met bloem bestoven werkvlak en kneed het binnen 10 minuten glad en elastisch, of verwerk het in een keukenmachine. Doe het in een met olie ingevette kom, dek af met met olie ingevette folie (plastic folie) en laat het op een warme plaats ongeveer 1 uur rijzen tot het in volume verdubbeld is.

Kneed het nogmaals, vorm er dan een brood van en leg het op een ingevette (koeken)plaat. Dek af met geoliede plasticfolie en laat rijzen tot het verdubbeld is.

Bak in een voorverwarmde oven op 220°C/425°F/gasstand 7 gedurende 15 minuten. Verlaag de oventemperatuur tot 190°C/gasstand 5 en bak nog 40 minuten tot het brood hol klinkt als je op de bodem klopt.

Samos brood

Voor drie broden van 450 g

15 g / ½ oz verse gist of 20 ml / 4 theelepels droge gist

15 ml / 1 eetlepel moutextract

600 ml / 1 pt / 2½ kopjes warm water

25 g plantaardig vet (bakvet)

900 g / 2 lb / 8 kopjes volkoren meel (volkoren)

30 ml / 2 eetlepels melkpoeder (magere melkpoeder)

10 ml / 2 theelepels zout

15 ml / 1 eetlepel lichte honing

50 g / 2 oz / ½ kopje sesamzaadjes, geroosterd

25 g / 1 oz / ¼ kopje zonnebloempitten, geroosterd

Meng de gist met het moutextract en een beetje warm water en laat 10 minuten op een warme plaats rijzen tot het schuimig wordt. Wrijf het vet in met de bloem en het melkpoeder, voeg dan het zout toe en maak een kuiltje in het midden. Voeg het gistmengsel, het resterende warme water en de honing toe en meng tot een deeg. Kneed goed tot een gladde en elastische massa. Voeg de zaden toe en kneed nog 5 minuten tot alles goed gemengd is. Vorm drie broden van 450 g/1 lb en leg ze op een ingevette (koekjes)plaat. Dek af met geoliede folie (plastic folie) en laat het 40 minuten rijzen op een warme plaats, tot het verdubbeld is in volume.

Bak in een voorverwarmde oven op 230°F/450°F/gasstand 8 gedurende 30 minuten tot ze goudbruin zijn en hol klinken als je op de bodem tikt.

Sesam zaden

12 geleden

25 g / 1 oz verse gist of 40 ml / 2½ el droge gist

5 ml / 1 theelepel poedersuiker (superfijn)

150 ml warme melk

450 g / 1 lb / 4 kopjes sterk gewoon (brood) meel

5 ml / 1 theelepel zout

25 g / 1 oz / 2 el reuzel (plantaardig vet)

150 ml warm water

30 ml / 2 eetlepels sesamzaadjes

Roer de gist met de suiker en een beetje warme melk los en laat op een warme plek schuimen. Meng de bloem en het zout in een kom, verdeel de boter erover en maak een kuiltje in het midden. Voeg het gistmengsel, de resterende melk en het water toe en meng tot een gladde massa. Leg op een met bloem bestoven werkvlak en kneed het binnen 10 minuten glad en elastisch, of verwerk het in een keukenmachine. Doe het in een met olie ingevette kom, dek af met met olie ingevette folie (plastic folie) en laat het op een warme plaats ongeveer 1 uur rijzen tot het in volume verdubbeld is.

Kneed nogmaals en vorm er 12 rolletjes van, druk ze iets plat en leg ze op een ingevette (koeken)plaat. Bedek met geoliede folie (folie) en laat het 20 minuten rusten op een warme plaats.

Bestrijk met water, bestrooi met zaadjes en bak in een voorverwarmde oven op 220°C/gasstand 7 in 15 minuten goudbruin.

Zuurdesem voorgerecht

Ongeveer 450 g / 1 lb

450 ml / ¾ pt / 2 kopjes warm water

25 g / 1 oz verse gist of 40 ml / 2½ el droge gist

225 g / 8 oz / 2 kopjes bloem voor alle doeleinden

2,5 ml / ½ theelepel zout

Nieuwszender:

225 g / 8 oz / 2 kopjes bloem voor alle doeleinden

450 ml / ¾ pt / 2 kopjes warm water

Meng de hoofdingrediënten in een kom, dek af met mousseline (kaasdoek) en laat 24 uur rijzen op een warme plaats. Voeg 50 g/2 oz/½ kopje bloem voor alle doeleinden en 120 ml/½ kopje lauw water toe, dek af en laat nog 24 uur staan. Herhaal dit drie keer, tegen die tijd moet het mengsel zuur ruiken en plaats het dan in de koelkast. Vervang gebruikte starters door gelijke delen warm water en bloem.

Soda brood

Maakt een staaf van 20 cm / 8 inch

450 g / 1 lb / 4 kopjes bloem voor alle doeleinden

10 ml / 2 theelepels zuiveringszout (baking soda)

10 ml / 2 theelepels wijnsteen

5 ml / 1 theelepel zout

25 g / 1 oz / 2 el reuzel (plantaardig vet)

5 ml / 1 theelepel poedersuiker (superfijn)

15 ml / 1 eetlepel citroensap

300 ml melk

Meng de bloem, baking soda, cream of tartar en zout. Wrijf het vet erdoor tot het mengsel op broodkruim lijkt. Voeg de suiker toe. Meng het citroensap met de melk en meng met de droge ingrediënten tot een gladde massa. Kneed het een beetje, vorm het deeg dan tot een cirkel van 20 cm en druk het iets plat. Leg ze op een met bloem bestoven bakplaat en snijd ze in vieren met de rand van een mes. Bak in een voorverwarmde oven op 200°C gedurende 30 minuten tot de bovenkant krokant is. Laat afkoelen alvorens te serveren.

zuurdesembrood

Voor twee broden van 350 g

250 ml warm water

15 ml / 1 eetlepel poedersuiker (superfijn)

30 ml / 2 eetlepels gesmolten boter of margarine

15 ml / 1 eetlepel zout

250 ml zuurdesem

2,5 ml / ½ theelepel baking soda (baking soda)

450 g / 1 lb / 4 kopjes bloem voor alle doeleinden

Meng water, suiker, boter of margarine en zout. Meng de zuurdesemstarter met de baking soda en meng dit met de bloem tot een hard deeg. Kneed het deeg glad en satijnachtig, voeg indien nodig wat meer bloem toe. Doe het in een met olie ingevette kom, dek af met met olie ingevette folie (plastic folie) en laat het op een warme plaats ongeveer 1 uur rijzen tot het in volume verdubbeld is.

Kneed opnieuw een beetje en vorm twee broden. Leg op een ingevette (koek)plaat, dek af met ingevette plasticfolie en bak ca. Laat het 40 minuten rusten tot het in volume verdubbeld is.

in een op 190°C voorverwarmde oven, gasstand 5 gedurende ca. Bak in 40 minuten goudbruin en als je op de onderkant tikt klinkt het hol.

zuurdesem broodjes

12 geleden

50 g / 2 oz / ¼ kopje boter of margarine

175 g / 6 oz / 1½ kopje bloem voor alle doeleinden

5 ml / 1 theelepel zout

2,5 ml / ½ theelepel baking soda (baking soda)

250 ml zuurdesem

Een beetje gesmolten boter of margarine om te glaceren

Wrijf de boter of margarine door de bloem en zout tot het mengsel op broodkruimels lijkt. Meng de baking soda met de starter en meng het dan met de bloem tot een stevig deeg. Kneed tot een gladde massa en niet meer plakkerig. Vorm er kleine rolletjes van en leg ze goed uit elkaar op een ingevette (koeken)plaat. Smeer de bovenkant in met boter of margarine, dek af met geoliede folie (plasticfolie) en bak ca. Laat het 1 uur rusten tot het in volume verdubbeld is. Bak in een op 220°C voorverwarmde oven in 15 minuten goudbruin.

Weens brood

Maakt een reep van 675 g / 1½ lb

15 g / ½ oz verse gist of 20 ml / 4 theelepels droge gist

5 ml / 1 theelepel poedersuiker (superfijn)

300 ml warme melk

40 g / 1½ oz / 3 el boter of margarine

450 g / 1 lb / 4 kopjes sterk gewoon (brood) meel

5 ml / 1 theelepel zout

1 ei, goed losgeklopt

Roer de gist met de suiker en een beetje warme melk los en laat op een warme plek schuimen. Smelt de boter of margarine en voeg de resterende melk toe. Meng het gistmengsel, het botermengsel, de bloem, het zout en het ei tot een glad deeg. Kneed tot een gladde massa en niet meer plakkerig. Doe het in een met olie ingevette kom, dek af met met olie ingevette folie (plastic folie) en laat het op een warme plaats ongeveer 1 uur rijzen tot het in volume verdubbeld is.

Kneed het deeg nogmaals, vorm er dan een brood van en leg het op een ingevette (koeken)plaat. Dek af met geoliede plasticfolie en laat 20 minuten op een warme plaats staan.

Bak in een voorverwarmde oven op 230°C gedurende 25 minuten tot ze goudbruin zijn en een hol geluid maken als je op de bodem tikt.

Volkoren brood

Voor twee broden van 450 g

15 g / ½ oz verse gist of 20 ml / 4 theelepels droge gist

5 ml / 1 theelepel suiker

300 ml warm water

550 g / 1¼ lb / 5 kopjes volkoren meel (volkoren)

5 ml / 1 theelepel zout

45 ml / 3 eetlepels karnemelk

Om te bestrooien met sesam- of komijnzaad (optioneel)

Meng de gist met de suiker en een beetje warm water en laat het op een warme plaats 20 minuten rijzen tot het schuimig wordt. Doe de bloem en het zout in een kom, maak een kuiltje in het midden. Voeg de gist, het resterende water en de karnemelk toe. Werk tot je een stevig deeg hebt dat netjes langs de zijkanten van de kom loopt, voeg indien nodig wat meer bloem of water toe. Kneed op een licht met bloem bestoven oppervlak of in een keukenmachine tot het elastisch is en niet meer plakkerig. Vorm van het deeg twee ingevette broodvormen van 450 g / 1 lb, bedek ze met ingevette folie (plasticfolie) en laat ze ca. 45 minuten, tot het deeg boven de vormen uitsteekt.

Bestrooi met sesamzaad of komijnzaad, indien gebruikt. Bak in een voorverwarmde oven op 230°C gedurende 15 minuten, verlaag dan de oventemperatuur tot 190°C/gasstand 5 en bak nog eens 25 minuten tot het stevig is. hol geluid wanneer de basis wordt geraakt.

Volkorenbrood met honing

Maakt een reep van 900 g / 2 lb

15 g / ½ oz verse gist of 20 ml / 4 theelepels droge gist

450 ml / ¾ pt / 2 kopjes warm water

45 ml / 3 eetlepels honing

50 g / 2 oz / ¼ kopje boter of margarine

750 g / 1½ lb / 6 kopjes volkoren meel (volkoren)

2,5 ml / ½ theelepel zout

15 ml / 1 eetlepel sesamzaadjes

Meng de gist met een beetje water en een beetje honing en laat het op een warme plaats 20 minuten rijzen tot het schuimig wordt. Wrijf de boter of margarine in met de bloem en het zout, meng dan het gistmengsel en de rest van het water en de honing tot een glad deeg. Kneed tot het elastisch is en niet meer plakkerig. Doe het in een met olie ingevette kom, dek af met met olie ingevette folie (plastic folie) en laat het op een warme plaats ongeveer 1 uur rijzen tot het in volume verdubbeld is.

Kneed het opnieuw en vorm het tot een geoliede broodvorm van 900 g. Dek af met geoliede folie en laat 20 minuten rusten, tot het deeg boven de vorm uitsteekt.

Bak in een voorverwarmde oven op 220°C/425°F/gasstand 7 gedurende 15 minuten. Verlaag de oventemperatuur tot 190°C/375°F/gasstand 5 en bak nog 20 minuten, tot het brood goudbruin en hol is als je op de bodem klopt.

Snel geïntegreerde spoelen

12 geleden

20 ml / 4 theelepels droge gist

375 ml warm water

50 g / 2 oz / ¼ kopje zachte bruine suiker

100 g / 4 oz / 1 kopje volkoren meel (volkoren)

100 g bloem voor alle doeleinden

5 ml / 1 theelepel zout

Meng de gist met water en een beetje suiker en laat schuimen op een warme plaats. Voeg de bloem en het zout toe met de resterende suiker en meng tot een glad deeg is verkregen. Schep het mengsel in de muffinvormpjes (pannen) en laat het 20 minuten staan, tot het deeg naar de bovenkant van de pan komt. Bak in een op 180°C voorverwarmde oven gedurende 30 minuten, tot ze goed gerezen en goudbruin zijn.

Volkorenbrood met walnoten

Maakt een reep van 900 g / 2 lb

15 g / ½ oz verse gist of 20 ml / 4 theelepels droge gist

5 ml / 1 theelepel zachte bruine suiker

450 ml / ¾ pt / 2 kopjes warm water

450 g / 1 lb / 4 kopjes volkorenmeel (volkoren)

175 g / 6 oz / 1½ kopjes bloem voor alle doeleinden (brood).

5 ml / 1 theelepel zout

15 ml / 1 eetlepel walnotenolie

100 g walnoten, grof gehakt

Meng de gist met de suiker en een beetje warm water en laat het op een warme plaats 20 minuten rijzen tot het schuimig wordt. Meng de bloem en het zout in een kom, voeg het gistmengsel, de olie en het resterende warme water toe en meng tot een stevig deeg. Kneed tot een gladde massa en niet meer plakkerig. Doe het in een met olie ingevette kom, dek af met met olie ingevette folie (plastic folie) en laat het op een warme plaats ongeveer 1 uur rijzen tot het in volume verdubbeld is.

Kneed opnieuw licht en werk de walnoten erdoor, vorm dan een ingevette broodvorm van 900 g / 2lb, dek af met ingevette folie en laat 30 minuten op een warme plaats staan, tot het deeg boven de rand van de vorm uitsteekt.

Bak in een op 220°C voorverwarmde oven in 30 minuten goudbruin en de bodem is hol als je erop klopt.

amandel vlecht

Maakt een reep van 450 g / 1 lb

15 g / ½ oz verse gist of 20 ml / 4 theelepels droge gist

40 g / 1½ oz / 3 el basterdsuiker (superfijn)

100 ml / 3½ fl oz / 6½ el warme melk

350 g / 12 oz / 3 kopjes sterk (brood)meel

2,5 ml / ½ theelepel zout

50 g / 2 oz / ¼ kopje boter of margarine, gesmolten

1 ei

Voor de vulling en frosting:

50 g amandelspijs

45 ml / 3 eetlepels abrikozenjam (reserve)

50 g rozijnen

50 g / 2 oz / ½ kopje gehakte amandelen

1 eigeel

Roer de gist met 5 ml / 1 theelepel suiker en een beetje melk en laat het 20 minuten rijzen op een warme plek tot het schuimig is. Meng de bloem en het zout in een kom en maak een kuiltje in het midden. Meng het gistmengsel, de resterende suiker en melk, de gesmolten boter of margarine en het ei en mix tot een gladde massa. Kneed tot het elastisch is en niet meer plakkerig. Doe het in een met olie ingevette kom, dek af met met olie ingevette folie (plastic folie) en laat het op een warme plaats ongeveer 1 uur rijzen tot het in volume verdubbeld is.

Rol het deeg op een licht met bloem bestoven werkvlak uit tot een rechthoek van 30 x 40 cm. Meng de ingrediënten voor de vulling, behalve het eigeel, tot een gladde massa, verdeel dan een derde van het deeg in het midden. Snijd tweederde van het deeg vanaf de randen diagonaal in de richting van de vulling, met intervallen van ongeveer ¾/2-inch. Vouw afwisselend linker en rechter stroken over de vulling en sluit de uiteinden goed. Leg op een ingevette (koeken)plaat, dek af en laat 30 minuten rijzen op een warme plaats tot het verdubbeld is in volume. Bestrijk met eigeel en bak in een voorverwarmde oven op 190°C in 30 minuten goudbruin.

brioches

12 geleden

15 g / ½ oz verse gist of 20 ml / 4 theelepels droge gist

30 ml / 2 eetlepels warm water

2 eieren, licht losgeklopt

225 g / 8 oz / 2 kopjes sterk gewoon (brood) meel

15 ml / 1 eetlepel poedersuiker (superfijn)

2,5 ml / ½ theelepel zout

50 g / 2 oz / ¼ kopje boter of margarine, gesmolten

Meng de gist, het water en het ei, voeg dan de bloem, suiker, zout en boter of margarine toe en meng tot een gladde massa. Kneed tot het elastisch is en niet meer plakkerig. Doe het in een met olie ingevette kom, dek het af en laat het ongeveer 1 uur rijzen op een warme plek, tot het verdubbeld is in volume.

Kneed opnieuw, verdeel in 12 stukken en breek dan elk stuk in een kleine bal. Vorm balletjes van de grotere stukken en plaats ze in 7,5 cm/3 gegolfde muffin- of briochevormen (vormen), druk met je vingers door het deeg en druk de resterende deegballen erop. Dek af en laat ongeveer 30 minuten op een warme plaats staan, tot het deeg boven de vormpjes uitsteekt.

Bak in een voorverwarmde oven op 230°C/450°F/gasstand 8 tot ze goudbruin zijn.

gevlochten brioche

Maakt een reep van 675 g / 1½ lb

25 g / 1 oz verse gist of 40 ml / 2½ el droge gist

5 ml / 1 theelepel poedersuiker (superfijn)

250 ml warme melk

675 g / 1½ lb / 6 kopjes sterk gewoon (brood) meel

5 ml / 1 theelepel zout

1 losgeklopt ei

150 ml warm water

1 eigeel

Roer de gist los met een beetje warme melk en de suiker en laat 20 minuten rijzen op een warme plaats tot het schuimig wordt. Meng de bloem en het zout en maak een kuiltje in het midden. Voeg het ei, het gistmengsel, de resterende warme melk en voldoende warm water toe om tot een glad deeg te mengen. Kneed tot een gladde massa en niet meer plakkerig. Doe het in een met olie ingevette kom, dek af met met olie ingevette folie (plastic folie) en laat het op een warme plaats ongeveer 1 uur rijzen tot het in volume verdubbeld is.

Kneed het deeg lichtjes en verdeel het dan in vieren. Rol drie stukken in dunne reepjes van ongeveer 15 centimeter lang. Maak een uiteinde van elke strook nat en druk ze samen, vlecht vervolgens de stroken, maak de uiteinden nat en zet ze vast. Leg op een ingevette (koeken)plaat. Verdeel het resterende stuk deeg in drieën, rek het uit in stroken van 38/15 cm en vlecht het op dezelfde manier om een fijnere vlecht te maken. Klop de eidooier los met 15 ml / 1 eetlepel water en borstel over de grote vlecht. Druk de kleinere vlecht er voorzichtig op en bestrijk deze met eierglazuur. Dek af en laat 40 minuten op een warme plaats staan.

Bak in een op 200°C voorverwarmde oven in 45 minuten goudbruin en hoor je een hol geluid als je op de bodem tikt.

appel brioche

12 geleden

Voor de massa:

15 g / ½ oz verse gist of 10 ml / 2 theelepels droge gist

75 ml / 5 eetlepels warme melk

100 g / 4 oz / 1 kopje volkoren meel (volkoren)

350 g / 12 oz / 3 kopjes sterk (brood)meel

30 ml / 2 eetlepels lichte honing

4 eieren

een snufje zout

200 g boter of margarine, gesmolten

Voor de vulling:

75 g / 3 oz appelmoes (saus)

25 g volkoren broodkruimels

25 g / 3 oz / ½ kopje rozijnen (goudrozijnen)

2,5 ml / ½ theelepel gemalen kaneel

1 losgeklopt ei

Meng voor het deeg de gist met warme melk en volkorenmeel en laat 20 minuten rijzen op een warme plaats. Voeg de bloem, honing, ei en zout toe en kneed goed door. Voeg de gesmolten boter of margarine toe en blijf kneden tot het deeg elastisch en glad is. Doe het in een met olie ingevette kom, dek af met met olie ingevette folie (plastic folie) en laat het op een warme plaats ongeveer 1 uur rijzen tot het in volume verdubbeld is.

Meng de ingrediënten voor de vulling behalve het ei. Vorm het deeg in 12 delen en haal dan een derde van elk stuk eruit. We vormen grotere stukken zodat ze passen in de bebotede golfkarton muffin of brioche bakjes (formulieren). Maak een groot gat bijna tot op de bodem met je vinger of het handvat van een vork en vul met vulling. Vorm elk van de kleinere stukjes deeg tot een bal, bevochtig de bovenkant van het deeg en druk het in de vulling om het in de brioche te omsluiten. Dek af en laat het 40 minuten rijzen op een warme plek, tot het bijna verdubbeld is in omvang.

Bestrijk met losgeklopt ei en bak in een voorverwarmde oven op 220°C/gasstand 7 in 15 minuten goudbruin.

Tofu en walnotenbrioche

12 geleden

Voor de massa:

15 g / ½ oz verse gist of 20 ml / 4 theelepels droge gist

75 ml / 5 eetlepels warme melk

100 g / 4 oz / 1 kopje volkoren meel (volkoren)

350 g / 12 oz / 3 kopjes sterk (brood)meel

30 ml / 2 theelepels lichte honing

4 eieren

een snufje zout

200 g boter of margarine, gesmolten

Voor de vulling:

50 g / 2 oz / ¼ kopje tofu, in blokjes

25 g / 1 oz / ¼ kopje cashewnoten, geroosterd en gehakt

25 g gehakte gemengde groenten

½ ui, gesnipperd

1 teentje gehakte knoflook

2,5 ml / ½ theelepel gedroogd kruidenmengsel

2,5 ml / ½ theelepel Franse mosterd

1 losgeklopt ei

Meng voor het deeg de gist met warme melk en volkorenmeel en laat 20 minuten rijzen op een warme plaats. Voeg de bloem, honing, ei en zout toe en kneed goed door. Voeg de gesmolten boter of margarine toe en blijf kneden tot het deeg elastisch en glad is. Doe het in een met olie ingevette kom, dek af met met olie ingevette folie (plastic folie) en laat het op een warme plaats ongeveer 1 uur rijzen tot het in volume verdubbeld is.

Meng de ingrediënten voor de vulling behalve het ei. Vorm het deeg in 12 delen en haal dan een derde van elk stuk eruit. We vormen grotere stukken zodat ze passen in de beboterde golfkarton muffin of brioche bakjes (formulieren). Maak een groot gat bijna tot op de bodem met je vinger of het handvat van een vork en vul met vulling. Vorm elk van de kleinere stukjes deeg tot een bal, bevochtig de bovenkant van het deeg en druk het in de vulling om het in de brioche te omsluiten. Dek af en laat het 40 minuten rijzen op een warme plek, tot het bijna verdubbeld is in omvang.

Bestrijk met losgeklopt ei en bak in een voorverwarmde oven op 220°C/gasstand 7 in 15 minuten goudbruin.

chelsea broodje

Dient 9

225 g / 8 oz / 2 kopjes sterk gewoon (brood) meel

5 ml / 1 theelepel poedersuiker (superfijn)

15 g / ½ oz verse gist of 20 ml / 4 theelepels droge gist

120 ml warme melk

een snufje zout

15 g / ½ oz / 1 el boter of margarine

1 losgeklopt ei

Voor de vulling:

75 g / 3 oz / ½ kopje gemengde noten (fruitcake mix)

25 g / 1 oz / 3 el gemengde schil (gekonfijt) gehakt

50 g / 2 oz / ¼ kopje zachte bruine suiker

Een beetje lichte honing om te smeren

Meng 50 g bloem, basterdsuiker, gist en een beetje melk en laat 20 minuten op een warme plaats schuimen. Meng de resterende bloem en het zout en verkruimel de boter of margarine erdoor. Meng het ei, het gistmengsel en de resterende warme melk erdoor en kneed tot een deeg. Kneed tot het elastisch is en niet meer plakkerig. Doe het in een met olie ingevette kom, dek af met met olie ingevette folie (plastic folie) en laat het op een warme plaats ongeveer 1 uur rijzen tot het in volume verdubbeld is.

Kneed opnieuw en rol uit tot een rechthoek van 33 x 23 cm 13 x 9, meng de ingrediënten voor de vulling behalve de honing en verdeel het over het deeg. Rol een lange zijde op en sluit de rand af met een beetje water. Snijd de rol in negen stukken van dezelfde grootte en leg ze in een licht beboterde pan (vorm). Dek af en laat 30 minuten rijzen op een warme plek tot het verdubbeld is in volume.

Bak in een op 190°C voorverwarmde oven in 25 minuten goudbruin. Haal uit de oven, bestrijk met honing en laat afkoelen.

koffie broodjes

Dient 16

225 g boter of margarine

450 g / 1 lb / 4 kopjes volkorenmeel (volkoren)

20 ml / 4 theelepels bakpoeder

5 ml / 1 theelepel zout

225 g / 8 oz / 1 kopje zachte bruine suiker

2 eieren, licht losgeklopt

100 g krenten

5 ml / 1 theelepel oploskoffiepoeder

15 ml / 1 eetlepel heet water

75 ml / 5 eetlepels lichte honing

Wrijf de boter of margarine met de bloem, bakpoeder en zout tot het mengsel op broodkruimels lijkt. Voeg de suiker toe. Klop de eieren tot een zacht maar niet plakkerig deeg en meng dit met de krenten. Los het koffiepoeder op in het hete water en voeg het toe aan het deeg. Vorm 16 platte balletjes en leg ze goed uit elkaar op een ingevette (bak)plaat. Druk met je vinger in het midden van elk brood en voeg een theelepel honing toe. Bak in een op 220°C voorverwarmde oven in 10 minuten licht goudbruin.

Brood Crème Fraiche

Voor twee broden van 450 g

25 g / 1 oz verse gist of 40 ml / 2½ el droge gist

75 g / 3 oz / 1/3 kopje zachte bruine suiker

60 ml / 4 eetlepels warm water

60 ml / 4 eetlepels verse room, op kamertemperatuur

350 g / 12 oz / 3 kopjes bloem voor alle doeleinden

5 ml / 1 theelepel zout

Een snufje geraspte nootmuskaat

3 eieren

50 g / 2 oz / ¼ kopje boter of margarine

Weinig melk en suiker voor smering

Meng de gist met 5 ml / 1 theelepel suiker en het warme water en laat 20 minuten rijzen op een warme plaats tot het schuimig wordt. Voeg de verse room toe aan de gist. Doe de bloem, zout en nootmuskaat in een kom, maak een kuiltje in het midden. Combineer het gistmengsel, ei en boter en kneed tot je een glad deeg hebt. Kneed tot een gladde en elastische massa. Doe het in een met olie ingevette kom, dek af met met olie ingevette folie (plastic folie) en laat het op een warme plaats ongeveer 1 uur rijzen tot het in volume verdubbeld is.

Kneed het deeg opnieuw en maak er twee bakvormen van 450 g van. Dek af en laat 35 minuten rijzen op een warme plaats, tot het volume verdubbeld is.

Bestrijk de bovenkant van de broden met een beetje melk en bestrooi ze met suiker. Bak in een voorverwarmde oven op 180°C/350°F/gasstand 4 gedurende 30 minuten. Laat 10 minuten in de vorm afkoelen en leg ze dan op een rooster om verder af te koelen.

Croissant

12 geleden

25 g / 1 oz / 2 el reuzel (plantaardig vet)

450 g / 1 lb / 4 kopjes sterk gewoon (brood) meel

2,5 ml / ½ theelepel poedersuiker (superfijn)

10 ml / 2 theelepels zout

25 g / 1 oz verse gist of 40 ml / 2½ el droge gist

250 ml warm water

2 eieren, licht losgeklopt

100 g / 4 oz / ½ kopje boter of margarine, in blokjes

Wrijf het vet met de bloem, de suiker en het zout tot het mengsel op broodkruimels lijkt en maak een kuiltje in het midden. Meng de gist met het water en voeg het toe aan de bloem met een van de eieren. Bewerk het mengsel tot je een glad deeg krijgt dat netjes loskomt van de rand van de kom. Leg op een licht met bloem bestoven oppervlak en kneed tot een gladde massa en niet meer plakkerig. Rol het deeg uit tot een strook van 20 x 50 cm. Bestrooi de bovenste tweederde van het deeg met een derde van de boter of margarine, laat een beetje ruimte rond de rand. Vouw het onbeboterde deel van het deeg over het volgende derde deel en vouw het bovenste derde deel eroverheen. Knijp de randen samen om ze te verzegelen en draai het deeg een kwartslag zodat de gevouwen rand zich aan de linkerkant bevindt. Herhaal het proces met het volgende derde deel van de boter of margarine, vouw en herhaal nog een keer totdat al het vet is gebruikt. Doe het gevouwen deeg in een ingevette polyethyleen zak en zet het 30 minuten in de koelkast.

Rol, vouw en keer het deeg nog drie keer zonder meer vet toe te voegen. Doe terug in de zak en zet 30 minuten in de koelkast.

Rol het deeg uit tot een rechthoek van 40 x 38 cm / 16 x 15 cm, snijd de randen bij en snijd in driehoeken van 12 x 15 cm. Bestrijk de driehoekjes met een beetje losgeklopt ei en rol ze vanaf de onderkant op, vouw ze vervolgens tot een halve maan en leg ze goed uit elkaar op een beboterde (koeken)plaat. Bestrijk de bovenkant met ei, dek af en laat 30 minuten rijzen op een warme plaats.

Bestrijk de bovenkant opnieuw met ei en bak vervolgens in een voorverwarmde oven op 230°C gedurende 15-20 minuten goudbruin en gezwollen.

Sultana volkoren croissant

12 geleden

25 g / 1 oz / 2 el reuzel (plantaardig vet)

225 g / 8 oz / 2 kopjes sterk gewoon (brood) meel

225 g / 8 oz / 2 kopjes volkoren meel (volkoren)

10 ml / 2 theelepels zout

25 g / 1 oz verse gist of 40 ml / 2½ el droge gist

300 ml warm water

2 eieren, licht losgeklopt

100 g / 4 oz / ½ kopje boter of margarine, in blokjes

45 ml / 3 eetlepels rozijnen (goudrozijnen)

2,5 ml / ½ theelepel poedersuiker (superfijn)

Wrijf het vet met de bloem en het zout tot het mengsel op broodkruimels lijkt en maak dan een kuiltje in het midden. Meng de gist met het water en voeg het toe aan de bloem met een van de eieren. Bewerk het mengsel tot je een glad deeg krijgt dat netjes loskomt van de rand van de kom. Leg op een licht met bloem bestoven oppervlak en kneed tot een gladde massa en niet meer plakkerig. Rol het deeg uit tot een strook van 20 x 50 cm. Bestrooi de bovenste tweederde van het deeg met een derde van de boter of margarine, laat een beetje ruimte rond de rand. Vouw het onbeboterde deel van het deeg over het volgende derde deel en vouw het bovenste derde deel eroverheen. Knijp de randen samen om ze te verzegelen en draai het deeg een kwartslag zodat de gevouwen rand zich aan de linkerkant bevindt. Herhaal het proces met het volgende derde deel van de boter of margarine, vouw en herhaal nog een keer om ervoor te zorgen dat al het vet wordt gebruikt. Doe het gevouwen deeg in een ingevette polyethyleen zak en zet het 30 minuten in de koelkast.

Rol, vouw en keer het deeg nog drie keer zonder meer vet toe te voegen. Doe terug in de zak en zet 30 minuten in de koelkast.

Rol het deeg uit tot een rechthoek van 40 x 38 cm / 16 x 15, snijd de randen bij en snijd in twaalf driehoeken van 15 cm. Vouw ze vervolgens tot halve maantjes en leg ze goed uit elkaar op een ingevette (koeken)plaat. Bestrijk de bovenkant met ei, dek af en laat 30 minuten rijzen op een warme plaats.

Bestrijk de bovenkant opnieuw met ei en bak vervolgens in een voorverwarmde oven op 230°C gedurende 15-20 minuten goudbruin en gezwollen.

bos cirkels

Voor drie broden van 350 g

450 g / 1 lb / 4 kopjes volkorenmeel (volkoren)

20 ml / 4 theelepels bakpoeder

45 ml / 3 eetlepels johannesbroodpoeder

5 ml / 1 theelepel zout

50 g gemalen hazelnoten

50 g / 2 oz / ½ kopje gehakte gemengde noten

75 g plantaardig vet (bakvet)

75 g / 3 oz / ¼ kopje lichte honing

300 ml melk

2,5 ml / ½ theelepel vanille-essence (extract)

1 losgeklopt ei

Meng de droge ingrediënten en verkruimel het plantaardige vet erdoor. Los de honing op in de melk en vanille-essence en meng met de droge ingrediënten tot een gladde massa. Vorm in drie cirkels en druk om iets af te vlakken. Snijd elk stokje gedeeltelijk in zes stukken en bestrijk ze met losgeklopt ei. Leg ze op een ingevette bakplaat en bak ze in een voorverwarmde oven op 230°C/450°F/gasstand 8 gedurende 20 minuten, tot ze goed gerezen en goudbruin zijn.

moer schroef

Maakt een reep van 450 g / 1 lb

Voor de massa:

15 g / ½ oz verse gist of 20 ml / 4 theelepels droge gist

40 g / 1½ oz / 3 el basterdsuiker (superfijn)

100 ml / 3½ fl oz / 6 ½ el warme melk

350 g / 12 oz / 3 kopjes sterk (brood)meel

2,5 ml / ½ theelepel zout

50 g / 2 oz / ¼ kopje boter of margarine, gesmolten

1 ei

Voor de vulling en frosting:

100 g gemalen amandelen

2 eiwitten

50 g / 2 oz / ¼ kopje poedersuiker (superfijn)

2,5 ml / ½ theelepel gemalen kaneel

100 g gemalen hazelnoten

1 eigeel

Meng voor het deeg de gist met 5 ml / 1 theelepel suiker en een beetje melk en laat 20 minuten schuimen op een warme plaats. Meng de bloem en het zout in een kom en maak een kuiltje in het midden. Meng het gistmengsel, de resterende suiker en melk, de gesmolten boter of margarine en het ei en mix tot een gladde massa. Kneed tot het elastisch is en niet meer plakkerig. Doe het in een met olie ingevette kom, dek af met met olie ingevette folie (plastic folie) en laat het op een warme plaats ongeveer 1 uur rijzen tot het in volume verdubbeld is.

Rol het deeg op een licht met bloem bestoven werkvlak uit tot een rechthoek van 30 x 40 cm. Meng de ingrediënten voor de vulling, behalve de eierdooier, tot een gladde massa is verkregen en verdeel deze over het deeg, direct onder de randen. Bestrijk de randen met een beetje eigeel en rol het deeg aan de lange kant op. Snijd het deeg in de lengte precies doormidden, draai de twee stukken in elkaar en verzegel de uiteinden. Leg op een ingevette (koeken)plaat, dek af en laat 30 minuten rijzen op een warme plaats tot het verdubbeld is in volume. Bestrijk met eigeel en bak in een voorverwarmde oven op 190°C in 30 minuten goudbruin.

sinaasappel taart

Het serveert 24

Voor de massa:

25 g / 1 oz verse gist of 40 ml / 2½ el droge gist

120 ml warm water

75 g / 3 oz / 1/3 kopje poedersuiker (super fijn)

100 g reuzel (plantaardig vet), in blokjes gesneden

5 ml / 1 theelepel zout

250 ml warme melk

60 ml / 4 eetlepels sinaasappelsap

30 ml / 2 eetlepels geraspte sinaasappelschil

2 losgeklopte eieren

675 g / 1½ lb / 6 kopjes sterk gewoon (brood) meel

Voor het glazuur (glazuur):

250 g / 9 oz / 1½ kopjes poedersuiker (banketbakkers)

5 ml / 1 theelepel geraspte sinaasappelschil

30 ml / 2 eetlepels sinaasappelsap

Roer voor het deeg de gist los in warm water met 5 ml / 1 theelepel suiker en laat schuimig worden. Meng het reuzel met de resterende suiker en het zout. Voeg de melk, het sinaasappelsap, de schil en de eieren toe en roer dit door het gistmengsel. Voeg geleidelijk de bloem toe en meng tot je een stevig deeg krijgt. Kneed goed. Doe in een met olie ingevette kom, dek af met ingevette folie (plastic folie) en laat ongeveer 1 uur rijzen op een warme plaats, tot het in volume verdubbeld is.

Rol uit tot ongeveer ¾/2 cm dik en snijd in plakken met een koekjesvormer. Leg ze op een ingevette bakplaat (voor koekjes) een beetje uit elkaar en laat ze 25 minuten rusten op een warme plaats. Laat het afkoelen.

Doe voor het glazuur de suiker in een kom en meng dit met de sinaasappelschil. Roer geleidelijk het sinaasappelsap erdoor tot je een stevig glazuur hebt. Als het is afgekoeld, leg je het op de broodjes en laat je het rusten.

De chocolade van pijn

12 geleden

25 g / 1 oz / 2 el reuzel (plantaardig vet)

450 g / 1 lb / 4 kopjes sterk gewoon (brood) meel

2,5 ml / ½ theelepel poedersuiker (superfijn)

10 ml / 2 theelepels zout

25 g / 1 oz verse gist of 40 ml / 2½ el droge gist

250 ml warm water

2 eieren, licht losgeklopt

100 g / 4 oz / ½ kopje boter of margarine, in blokjes

100 g pure (halfzoete) chocolade, in 12 stukjes gebroken

Wrijf het vet met de bloem, de suiker en het zout tot het mengsel op broodkruimels lijkt en maak een kuiltje in het midden. Meng de gist met het water en voeg het toe aan de bloem met een van de eieren. Bewerk het mengsel tot je een glad deeg krijgt dat netjes loskomt van de rand van de kom. Leg op een licht met bloem bestoven oppervlak en kneed tot een gladde massa en niet meer plakkerig. Rol het deeg uit tot een strook van 20 x 50 cm. Bestrooi de bovenste tweederde van het deeg met een derde van de boter of margarine, laat een beetje ruimte rond de rand. Vouw het beboterde deel van het deeg over het volgende derde deel, vouw dan het bovenste derde deel eroverheen, druk de randen naar beneden en draai het deeg een kwartslag zodat de gevouwen rand zich aan de linkerkant bevindt. Herhaal het proces met het volgende derde deel van de boter of margarine, vouw en herhaal nog een keer om ervoor te zorgen dat al het vet wordt gebruikt. Doe het gevouwen deeg in een ingevette polyethyleen zak en zet het 30 minuten in de koelkast.

Rol, vouw en keer het deeg nog drie keer zonder meer vet toe te voegen. Doe terug in de zak en zet 30 minuten in de koelkast.

Verdeel het deeg in 12 delen en ca. Rol uit tot rechthoeken van 5 cm breed en 5 mm dik. Leg een stuk chocolade in het midden van elk en rol het op, zodat het de chocolade omsluit. Leg ze goed uit elkaar op een ingevette (koeken)plaat. Bestrijk de bovenkant met ei, dek af en laat 30 minuten rijzen op een warme plaats.

Bestrijk de bovenkant opnieuw met ei en bak vervolgens in een voorverwarmde oven op 230°C gedurende 15-20 minuten goudbruin en gezwollen.

Pandolce

Maakt twee broden van 675 g

175 g rozijnen

45 ml / 3 el Marsala of zoete sherry

25 g / 1 oz verse gist of 40 ml / 2½ el droge gist

175 g / 6 oz / ¾ kopje poedersuiker (superfijn)

400 ml warme melk

900 g / 2 lbs / 8 kopjes bloem voor alle doeleinden

een snufje zout

45 ml / 3 eetlepels oranjebloesemwater

75 g / 3 oz / 1/3 kopje boter of margarine, gesmolten

50 g / 2 oz / ½ kopje pijnboompitten

50 g / 2 oz / ½ kopje pistachenoten

10 ml / 2 theelepels gemalen venkelzaad

50 g / 2 oz / 1/3 kopje gekristalliseerde (gekonfijte) citroenschil, fijngehakt

Geraspte schil van 1 sinaasappel

Meng de rozijnen en Marsala door elkaar en laat ze weken. Meng de gist met 5 ml / 1 theelepel suiker en een beetje warme melk en laat het op een warme plaats 20 minuten rijzen tot het schuimig wordt. Meng de bloem, het zout en de resterende suiker in een kom en maak een kuiltje in het midden. Roer het gistmengsel, de resterende warme melk en het oranjebloesemwater erdoor. Voeg de gesmolten boter of margarine toe en mix tot een gladde massa. Kneed op een licht met bloem bestoven oppervlak tot het elastisch is en niet meer plakkerig. Doe het in een met olie ingevette kom, dek af met met olie ingevette folie (plastic folie) en laat het op een warme plaats ongeveer 1 uur rijzen tot het in volume verdubbeld is.

Druk of rol het deeg uit op een licht met bloem bestoven werkvlak tot het ongeveer 1 cm dik is. Bestrooi met rozijnen, walnoten, venkelzaad, citroen- en sinaasappelschil. Rol het deeg op, druk of spreid en rol opnieuw. Vorm er een cirkel van en leg deze op een ingevette (koeken)plaat. Dek af met geoliede plasticfolie en laat op een warme plaats staan tot het verdubbeld is, ongeveer 1 uur.

Maak een driehoekige snede in de bovenkant van het brood en bak het vervolgens 20 minuten in een op 190°C voorverwarmde oven. Verlaag de oventemperatuur tot 160°C/325°F/gasstand 3 en bak nog eens 1 uur, tot ze goudbruin zijn en hol klinken als je op de bodem tikt.

panettone

Maakt een cake van 23 cm

40 g / 1½ oz verse gist of 60 ml / 4 el droge gist

150 g poedersuiker (superfijn)

300 ml warme melk

225 g boter of margarine, gesmolten

5 ml / 1 theelepel zout

Geraspte schil van 1 citroen

Een snufje geraspte nootmuskaat

6 eierdooiers

675 g / 1½ lb / 6 kopjes sterk gewoon (brood) meel

175 g rozijnen

175 g / 6 oz / 1 kop gehakte gemengde schil (gekonfijt)

75 g / 3 oz / ¼ kopje gehakte amandelen

Roer de gist met 5 ml / 1 theelepel suiker en een beetje warme melk en laat het op een warme plaats 20 minuten rijzen tot het schuimig wordt. Meng de gesmolten boter met de resterende suiker, zout, citroenschil, nootmuskaat en eigeel. Voeg het mengsel toe aan de bloem met het gistmengsel en meng tot een gladde massa. Kneed tot het niet meer plakt. Doe in een met olie ingevette kom, dek af met geoliede folie (plastic folie) en laat 20 minuten rusten op een warme plaats. Rozijnen, gemengde schil en amandelen erdoor mengen en door het deeg werken. Dek het weer af en laat het nog 30 minuten rusten op een warme plek.

Kneed het deeg lichtjes en vorm het vervolgens tot een ingevette en met bakpapier beklede vorm van 23 cm diep. Dek af en laat 30 minuten op een warme plaats staan, tot het deeg goed boven de vorm uitsteekt. Bak in een voorverwarmde oven op

190°C/375°F/gasstand 5 gedurende anderhalf uur, tot een in het midden gestoken satéprikker er schoon uitkomt.

Appel en dadelbrood

Maakt een reep van 900 g / 2 lb

350 g / 12 oz / 3 kopjes zelfrijzend bakmeel

50 g / 2 oz / ¼ kopje zachte bruine suiker

5 ml / 1 tl kruidenmix (appeltaart)

5 ml / 1 theelepel gemalen kaneel

2,5 ml / ½ theelepel geraspte nootmuskaat

een snufje zout

1 grote kookappel (taart), geschild, klokhuis verwijderd en in stukjes gesneden

175 g / 6 oz / 1 kopje ontpitte dadels (ontpit), gehakt

Geraspte schil van ½ citroen

2 eieren, licht losgeklopt

150 ml / ¼ pt / 2/3 kopje yoghurt

Meng de droge ingrediënten en voeg dan de appels, dadels en citroenschil toe. Maak een kuiltje in het midden, voeg het ei en de yoghurt toe en meng geleidelijk tot een deeg. Bedek het op een licht met bloem bestoven oppervlak en vorm het in een beboterde en met bloem bestoven broodvorm van 900 g. Bak in een voorverwarmde oven op 160°C/gasstand 3 gedurende 1½ uur tot ze goed gerezen en goudbruin zijn. Laat 5 minuten in de vorm afkoelen en stort dan op een rooster om af te koelen.

Brood met appel en sultanarozijn

Voor drie broden van 350 g

25 g / 1 oz verse gist of 40 ml / 2½ el droge gist

10 ml / 2 theelepels moutextract

375 ml warm water

450 g / 1 lb / 4 kopjes volkorenmeel (volkoren)

5 ml / 1 theelepel sojameel

50 g gerolde haver

2,5 ml / ½ theelepel zout

25 g / 1 oz / 2 el zachte bruine suiker

15 ml / 1 eetlepel reuzel (boter)

225 g kookappels (taart), geschild, klokhuis verwijderd en in stukjes gesneden

400 g / 14 oz / 21/3 kopjes sultana's (gouden rozijnen)

2,5 ml / ½ theelepel gemalen kaneel

1 losgeklopt ei

Meng de gist met het moutextract en een beetje warm water en laat op een warme plaats schuimen. Meng de bloem, havermout, zout en suiker, verdeel de boter en maak een kuiltje in het midden. Meng het gistmengsel en het resterende warme water en kneed tot een gladde massa. Roer de appels, rozijnen en kaneel erdoor. Kneed tot het elastisch is en niet meer plakkerig. Leg het deeg in een ingevette kom en dek af met geoliede folie (plasticfolie). Laat het 1 uur rijzen op een warme plek tot het verdubbeld is in volume.

Kneed het deeg lichtjes, vorm er vervolgens drie cirkels van en strijk ze een beetje glad, leg ze dan op een ingevette (koeken)plaat. Bestrijk de bovenkant met losgeklopt ei en bak in een voorverwarmde oven op 230°C/450°F/gasstand 8 gedurende 35 minuten, tot ze goed gerezen zijn en hol klinken als je op de bodem klopt.

Verrassingen van appel en kaneel

10 geleden

Voor de massa:

25 g / 1 oz verse gist of 40 ml / 2½ el droge gist

75 g / 3 oz / 1/3 kopje zachte bruine suiker

300 ml warm water

450 g / 1 lb / 4 kopjes volkorenmeel (volkoren)

2,5 ml / ½ theelepel zout

25 g / 1 oz / ¼ kopje droge melk (magere melkpoeder)

5 ml / 1 tl gemengde gemalen kruiden (appeltaart)

5 ml / 1 theelepel gemalen kaneel

75 g / 3 oz / 1/3 kopje boter of margarine

15 ml / 1 eetlepel geraspte sinaasappelschil

1 ei

Voor de vulling:

450 g kookappels (zuur), geschild, klokhuis verwijderd en grof gehakt

75 g / 3 oz / ½ kopje rozijnen (goudrozijnen)

5 ml / 1 theelepel gemalen kaneel

Voor het glazuur:

15 ml / 1 eetlepel lichte honing

30 ml / 2 eetlepels poedersuiker (superfijn)

Meng voor het deeg de gist met een beetje suiker en een beetje warm water en laat het op een warme plaats 20 minuten rijzen tot het schuimig wordt. Meng de bloem, het zout, het melkpoeder en de kruiden. Wrijf de boter of margarine erdoor, voeg de sinaasappelschil toe en maak een kuiltje in het midden. Voeg het gistmengsel, het resterende warme water en het ei toe en mix tot een gladde massa. Doe het in een met olie ingevette kom, dek af met met olie ingevette folie (plastic folie) en laat het op een warme plaats 1 uur rijzen tot het in volume verdubbeld is.

Kook voor de vulling appels en rozijnen in een pan met kaneel en een beetje water tot ze zacht en fijngestampt zijn.

Vorm 10 cilinders van het deeg, druk met je vinger in het midden en giet de vulling erin, en sluit het deeg rond de vulling. Leg op een met olie ingevette (koek)schaal, dek af met ingeoliede folie en laat 40 minuten rusten op een warme plaats. Bak in een op 230°C voorverwarmde oven gedurende 15 minuten tot ze goed gerezen zijn. Bestrijk met honing, bestrooi met suiker en laat afkoelen.

Abrikozen theebrood

Maakt een reep van 900 g / 2 lb

225 g / 8 oz / 2 kopjes zelfrijzend bakmeel (gist)

100 g gedroogde abrikozen

50 g / 2 oz / ½ kopje gehakte amandelen

50 g / 2 oz / ¼ kopje zachte bruine suiker

50 g / 2 oz / ¼ kopje boter of margarine

100 g golden syrup (lichte mais)

1 ei

75 ml / 5 eetlepels melk

Week de abrikozen 1 uur in heet water, giet ze af en snijd ze in stukjes.

Meng de bloem, abrikozen, amandelen en suiker. Smelt de boter of margarine en de siroop. Voeg toe aan de droge ingrediënten met het ei en de melk. Giet in een ingevette en met bakpapier beklede ovenschaal (vorm) van 900 g en bak in een voorverwarmde oven op 180°C gedurende 1 uur, tot ze goudbruin en stevig aanvoelen.

Abrikozen- en sinaasappelbrood

Maakt een reep van 900 g / 2 lb

175 g / 6 oz / 1 kop gehakte gedroogde abrikozen zonder te weken

150 ml / ¼ pt / 2/3 kopje sinaasappelsap

400 g bloem voor alle doeleinden

175 g / 6 oz / ¾ kopje poedersuiker (superfijn)

100 g rozijnen

7,5 ml / 1½ theelepel bakpoeder

2,5 ml / ½ theelepel baking soda (baking soda)

2,5 ml / ½ theelepel zout

Geraspte schil van 1 sinaasappel

1 ei, licht losgeklopt

25 g / 1 oz / 2 el boter of margarine, gesmolten

Week de abrikozen in sinaasappelsap. Doe de droge ingrediënten en de sinaasappelschil in een kom, maak een kuiltje in het midden. Meng de abrikozen en het sinaasappelsap, de eieren en de gesmolten boter of margarine en verwerk tot het stijf is. Schep in een ingevette en met bakpapier beklede bakplaat van 900 g en bak in een voorverwarmde oven op 180°C gedurende 1 uur tot ze goudbruin en stevig aanvoelen.

Abrikozen- en walnotenbrood

Maakt een reep van 900 g / 2 lb

15 g / ½ oz verse gist of 20 ml / 4 theelepels droge gist

30 ml / 2 eetlepels lichte honing

300 ml warm water

25 g / 1 oz / 2 el boter of margarine

225 g / 8 oz / 2 kopjes volkoren meel (volkoren)

225 g / 8 oz / 2 kopjes bloem voor alle doeleinden

5 ml / 1 theelepel zout

75 g / 3 oz / ¾ kopje walnoten, gehakt

175 g / 6 oz / 1 kopje kant-en-klare gedroogde abrikozen, gehakt

Meng de gist met een beetje honing en een beetje water en laat het op een warme plaats 20 minuten rijzen tot het schuimig wordt. Wrijf de boter of margarine in met de bloem en het zout en maak een kuiltje in het midden. Combineer het gistmengsel met de resterende honing en water en kneed tot een deeg. Meng de walnoten en abrikozen erdoor en kneed tot een gladde massa die niet meer plakkerig is. Doe in een met olie ingevette kom, dek af en laat 1 uur rijzen op een warme plaats, tot het in volume verdubbeld is.

Kneed het deeg opnieuw en maak er een beboterde broodvorm van 900 g van. Dek af met geoliede folie (plastic folie) en laat ongeveer 20 minuten op een warme plaats staan, tot het deeg net boven de bovenkant van de doos uit komt. Bak in een op 220°C voorverwarmde oven in 30 minuten goudbruin en de bodem is hol als je erop klopt.

herfst krans

Maakt geweldig brood

Voor de massa:

450 g / 1 lb / 4 kopjes volkorenmeel (volkoren)

20 ml / 4 theelepels bakpoeder

75 g / 3 oz / 1/3 kopje zachte bruine suiker

5 ml / 1 theelepel zout

2,5 ml / ½ theelepel gemalen foelie

75 g plantaardig vet (bakvet)

3 eiwitten

300 ml melk

Voor de vulling:

175 g / 6 oz / 1½ kopjes volkoren (volkoren) koekjeskruimels

50 g gemalen hazelnoten of amandelen

50 g / 2 oz / ¼ kopje zachte bruine suiker

75 g / 3 oz / ½ kopje gekristalliseerde (gekonfijte) gember, fijngehakt

30 ml / 2 eetlepels rum of cognac

1 ei, licht losgeklopt

Voor glazuur:

15 ml / 1 eetlepel honing

Meng de droge ingrediënten voor het deeg en wrijf het vet erdoor. Voeg de eiwitten en melk toe en mix tot je een glad, elastisch deeg krijgt.

Meng de ingrediënten voor de vulling, gebruik alleen voldoende eieren om een smeerbare consistentie te krijgen. Rol het deeg op een licht met bloem bestoven werkvlak uit tot een rechthoek van 20 x 30 cm. Spreid de vulling overal uit, behalve de bovenste 1 inch langs de lange rand. Rol vanaf de tegenoverliggende rand op als een Zwitsers (jelly) broodje en bevochtig de gladde strook deeg om te verzegelen. Bevochtig beide uiteinden en vorm de rol in een ronde vorm, knijp de uiteinden samen. Gebruik een scherpe schaar om de bovenkant met kleine sneden te versieren. Leg op een ingevette (koeken)plaat en bestrijk met de rest van het eierwasmiddel. Laat het 15 minuten staan.

Bak in een op 230°C voorverwarmde oven in 25 minuten goudbruin. Bestrijk met honing en laat afkoelen.

Bananen brood

Maakt een reep van 900 g / 2 lb

75 g / 3 oz / 1/3 kopje boter of margarine, verzacht

175 g poedersuiker (superfijn)

2 eieren, licht losgeklopt

450 g rijpe bananen, gepureerd

200 g / 7 oz / 1¾ kopjes zelfrijzend bakmeel (gist)

75 g / 3 oz / ¾ kopje walnoten, gehakt

100 g / 4 oz / 2/3 kopje rozijnen (gouden rozijnen)

50 g / 2 oz / ½ kopje geglaceerde kersen (gekonfijt)

2,5 ml / ½ theelepel baking soda (baking soda)

een snufje zout

Klop de boter of margarine en suiker licht en luchtig. Voeg beetje bij beetje het ei toe en daarna de banaan. Meng de andere ingrediënten goed. Giet in een ingevette en met bakpapier beklede broodvorm (vorm) van 900 g en bak in een voorverwarmde oven op 180°C / 350°C / gasovenstand 4 gedurende 1¼ uur, tot het goed gerezen en stevig aanvoelt.

Volkoren bananenbrood

Maakt een reep van 900 g / 2 lb

100 g / 4 oz / ½ kopje boter of margarine, verzacht

50 g / 2 oz / ¼ kopje zachte bruine suiker

2 eieren, licht losgeklopt

3 bananen, gepureerd

175 g / 6 oz / 1½ kopjes volkoren meel (volkoren)

100 g havermout

5 ml / 1 theelepel bakpoeder

5 ml / 1 tl gemengde gemalen kruiden (appeltaart)

30 ml / 2 eetlepels melk

Klop de boter of margarine en de suiker schuimig. Voeg beetje bij beetje de eieren en banaan toe, en dan het meel, bakpoeder en kruidenmengsel. Voeg voldoende melk toe om een glad mengsel te maken. Schep in een ingevette en met bakpapier beklede broodvorm (vorm) van 900 g en egaliseer het oppervlak. Bak in een voorverwarmde oven op 190°C, gasstand 5, tot ze gerezen en goudbruin zijn.

Banaan notenbrood

Maakt een reep van 900 g / 2 lb

50 g / 2 oz / ¼ kopje boter of margarine

225 g / 8 oz / 2 kopjes zelfrijzend bakmeel (gist)

50 g / 2 oz / ¼ kopje poedersuiker (superfijn)

50 g / 2 oz / ½ kopje gehakte gemengde noten

1 ei, licht losgeklopt

75 g / 3 oz / 1/3 kopje golden syrup (lichte mais)

2 bananen, gepureerd

15 ml / 1 eetlepel melk

Wrijf de boter of margarine in met de bloem en voeg dan de suiker en de noten toe. Mix de eieren, siroop, banaan en voldoende melk tot een glad mengsel. Schep in een ingevette en met bakpapier beklede ovenschaal (vorm) van 900 g en bak in een op 180°C voorverwarmde oven ca. 1 uur, tot stevig en goudbruin. Bewaar gesneden en beboterd gedurende 24 uur voor het opdienen.

Brood met kersen en honing

Maakt een reep van 900 g / 2 lb

175 g / 6 oz / ¾ kopje boter of margarine, verzacht

75 g / 3 oz / 1/3 kopje zachte bruine suiker

60 ml / 4 eetlepels lichte honing

2 losgeklopte eieren

100 g / 4 oz / 2 kopjes volkorenmeel (volkoren)

10 ml / 2 theelepels bakpoeder

100 g / 4 oz / ½ kopje geglaceerde (gekonfijte) kersen, gehakt

45 ml / 3 eetlepels melk

Klop de boter of margarine, suiker en honing schuimig. Voeg geleidelijk de eieren toe en klop goed na elke toevoeging. Meng de overige ingrediënten tot een gladde massa. Giet in een ingevette en met bakpapier beklede broodvorm (vorm) van 900 g en bak in een voorverwarmde oven op 180°C gedurende 1 uur, tot een in het midden gestoken satéprikker er schoon uitkomt. Serveer gesneden en besmeerd met boter.

Kaneel en nootmuskaatbroodjes

Het serveert 24

15 ml / 1 eetlepel droge gist

120 ml / 4 fl oz / ½ kopje melk, gekookt

50 g / 2 oz / ¼ kopje poedersuiker (superfijn)

50 g / 2 oz / ¼ kopje reuzel (bakvet)

5 ml / 1 theelepel zout

120 ml warm water

2,5 ml / ½ theelepel geraspte nootmuskaat

1 losgeklopt ei

400 g / 14 oz / 3½ kopjes sterk (brood)meel

45 ml / 3 eetlepels boter of margarine, gesmolten

175 g / 6 oz / ¾ kopje zachte bruine suiker

10 ml / 2 theelepels gemalen kaneel

75 g / 3 oz / ½ kopje rozijnen

Roer de gist in warme melk met een theelepel poedersuiker en laat schuimen. Meng de resterende poedersuiker, vet en zout. Giet er water bij en roer tot gecombineerd. Voeg het gistmengsel toe en voeg geleidelijk de nootmuskaat, het ei en de bloem toe. Kneed tot je een glad deeg krijgt. Doe in een met olie ingevette kom, dek af met ingevette folie (plastic folie) en laat ongeveer 1 uur rijzen op een warme plaats, tot het in volume verdubbeld is.

Verdeel het deeg in tweeën en rol het op een licht met bloem bestoven werkvlak ca. in rechthoeken van 5 mm dik. Bestrijk met gesmolten boter, bestrooi met bruine suiker, kaneel en rozijnen. Rol het op tot de langste maat en snijd elk rolletje in 12 plakken van 1 cm dik. Leg de plakjes een beetje uit elkaar op een ingevette (koeken)plaat en laat ze 1 uur rijzen op een warme plek. Bak in een voorverwarmde oven op 190°C gedurende 20 minuten, tot ze goed gerezen zijn.

bosbessen brood

Maakt een reep van 450 g / 1 lb

225 g / 8 oz / 2 kopjes bloem voor alle doeleinden

2,5 ml / ½ theelepel zout

2,5 ml / ½ theelepel baking soda (baking soda)

225 g poedersuiker (superfijn)

7,5 ml / 1½ theelepel bakpoeder

Sap en schil van 1 sinaasappel

1 losgeklopt ei

25 g / 1 oz / 2 el reuzel (plantaardig vet), gesmolten

100 g / 4 oz verse of bevroren bosbessen, geplet

50 g / 2 oz / ½ kopje walnoten, grof gehakt

Meng de droge ingrediënten in een grote kom. Doe het sinaasappelsap en de schil in een maatbeker en vul aan met water tot 175 ml. Voeg de droge ingrediënten toe met het ei en het vet. Voeg de bosbessen en walnoten toe. Schep in een ingevette ovenschaal (vorm) van 450 g en bak in een voorverwarmde oven op 160 °C, gasstand 3 gedurende ca. Bak gedurende 1 uur tot een spies in het midden is gestoken. Laat afkoelen en bewaar 24 uur voordat u het aansnijdt.

Dadels en boterbrood

Maakt een reep van 900 g / 2 lb

Voor het brood:
175 g ontpitte dadels (zonder zaadjes), fijngehakt

5 ml / 1 theelepel zuiveringszout (baking soda)

250 ml kokend water

75 g / 3 oz / 1/3 kopje boter of margarine, verzacht

225 g / 8 oz / 1 kopje zachte bruine suiker

1 ei, licht losgeklopt

5 ml / 1 theelepel vanille-essence (extract)

225 g / 8 oz / 2 kopjes bloem voor alle doeleinden

5 ml / 1 theelepel bakpoeder

een snufje zout

Voor dressing:
100 g / 4 oz / ½ kopje zachte bruine suiker

50 g / 2 oz / ¼ kopje boter of margarine

120 ml / 4 fl oz / ½ kopje gladde (lichte) room

Meng voor het brood de dadels, bakpoeder en kokend water, meng goed en laat afkoelen. Klop de boter of margarine en de suiker schuimig en voeg dan geleidelijk het ei en de vanille-essence toe. Voeg de bloem, bakpoeder en zout toe. Schep het mengsel in een ingevette en met bakpapier beklede broodvorm van 900 g en bak in een op 180°C voorverwarmde oven gedurende 1 uur, tot een in het midden gestoken spies erin zit.

Smelt voor de dressing de suiker, boter of margarine en de room op laag vuur en laat 15 minuten sudderen onder af en toe roeren. Haal het brood uit de vorm en giet het over de hete topping. Laat het afkoelen.

Dadel en bananenbrood

Maakt een reep van 900 g / 2 lb

225 g / 8 oz / 11/3 kopjes ontpitte dadels (ontpit), gehakt

300 ml melk

5 ml / 1 theelepel zuiveringszout (baking soda)

100 g / 4 oz / ½ kopje boter of margarine

275 g / 10 oz / 2½ kopjes zelfrijzend bakmeel (gist)

2 rijpe bananen, gepureerd

1 losgeklopt ei

75 g / 3 oz / ¾ kopje hazelnoten, gehakt

30 ml / 2 eetlepels lichte honing

Doe de dadels, melk en baking soda in een pan en breng al roerend aan de kook. Laat het afkoelen. Wrijf de boter of margarine door de bloem tot het mengsel op broodkruimels lijkt. Voeg de banaan, het ei en de meeste hazelnoten toe, houd wat achter voor garnering. Giet in een ingevette en met bakpapier beklede broodvorm (vorm) van 900 g en bak in een voorverwarmde oven op 180°C gedurende 1 uur, tot een in het midden gestoken satéprikker er schoon uitkomt. Laat 5 minuten in de vorm afkoelen, haal hem dan uit de vorm en verwijder de folie. Verwarm de honing en verdeel deze over de cake. Bestrooi met walnoten en laat volledig afkoelen.

Dadel en sinaasappelbrood

Maakt een reep van 900 g / 2 lb

225 g / 8 oz / 11/3 kopjes ontpitte dadels (ontpit), gehakt

120 ml / 4 fl oz / ½ kopje water

200 g / 7 oz / weinig 1 kopje zachte bruine suiker

75 g / 3 oz / 1/3 kopje boter of margarine

Geraspte schil en sap van 1 sinaasappel

1 ei, licht losgeklopt

225 g / 8 oz / 2 kopjes bloem voor alle doeleinden

10 ml / 2 theelepels bakpoeder

5 ml / 1 theelepel gemalen kaneel

Stoom de dadels 15 minuten in water tot ze papperig worden. Voeg de suiker toe totdat deze is opgelost. Haal van het vuur en laat iets afkoelen. Klop de boter of margarine, de sinaasappelschil en het sap, en dan het ei los. Meng de bloem, bakpoeder en kaneel. Giet in een ingevette en met bakpapier beklede broodvorm (vorm) van 900 g en bak in een voorverwarmde oven op 180°C gedurende 1 uur, tot een in het midden gestoken satéprikker er schoon uitkomt.

Dadel en walnotenbrood

Maakt een reep van 900 g / 2 lb

250 ml kokend water

225 g / 8 oz / 11/3 kopjes ontpitte dadels (ontpit), gehakt

10 ml / 2 theelepels zuiveringszout (baking soda)

25 g plantaardig vet (bakvet)

225 g / 8 oz / 1 kopje zachte bruine suiker

2 losgeklopte eieren

225 g / 8 oz / 2 kopjes bloem voor alle doeleinden

5 ml / 1 theelepel zout

50 g / 2 oz / ½ kopje pecannoten, gehakt

Giet de dadels en baking soda bij het kokende water en laat het lauwwarm worden. Klop het plantaardige vet en de suiker romig. Voeg beetje bij beetje de eieren toe. Meng de bloem met het zout en de walnoten, voeg dan afwisselend de dadels en het vocht toe aan het romige mengsel. Schep in een ingevette bakplaat van 900 g en bak in een voorverwarmde oven op 180°C gedurende 1 uur tot het stevig is.

dadel thee brood

Maakt een reep van 900 g / 2 lb

225 g / 8 oz / 2 kopjes bloem voor alle doeleinden

100 g / 4 oz / ½ kopje zachte bruine suiker

een snufje zout

5 ml / 1 tl gemengde gemalen kruiden (appeltaart)

5 ml / 1 theelepel zuiveringszout (baking soda)

50 g / 2 oz / ¼ kopje boter of margarine, gesmolten

15 ml / 1 eetlepel stroopmelasse (melasse)

150 ml / ¼ pt / 2/3 kopje zwarte thee

1 losgeklopt ei

75 g / 3 oz / ½ kopje ontpitte dadels (ontpit), gehakt

Meng de bloem, suiker, zout, kruiden en bakpoeder. Voeg de boter, melasse, thee en ei toe en meng goed tot een gladde massa. Voeg de datums toe. Giet het mengsel in een ingevette en met bakpapier beklede broodvorm (vorm) van 900 g en bak in een op 180°C voorverwarmde oven gedurende 45 minuten.

Dadel en walnotenbrood

Maakt een reep van 900 g / 2 lb

100 g / 4 oz / ½ kopje boter of margarine

175 g / 6 oz / 1½ kopjes volkoren meel (volkoren)

50 g havermout

10 ml / 2 theelepels bakpoeder

5 ml / 1 tl gemengde gemalen kruiden (appeltaart)

2,5 ml / ½ theelepel gemalen kaneel

50 g / 2 oz / ¼ kopje zachte bruine suiker

75 g / 3 oz / ½ kopje ontpitte dadels (ontpit), gehakt

75 g / 3 oz / ¾ kopje walnoten, gehakt

2 eieren, licht losgeklopt

30 ml / 2 eetlepels melk

Wrijf de boter of margarine met de bloem, bakpoeder en kruiden tot het mengsel op broodkruimels lijkt. Voeg de suiker, dadels en walnoten toe. Meng het ei en de melk tot een glad deeg. Vorm het deeg tot een ingevette broodvorm van 900 g en strijk de bovenkant glad. Bak in een op 160°C voorverwarmde oven in 45 minuten gaar en goudbruin.

vijgen brood

Maakt een reep van 450 g / 1 lb

100 g ontbijtgranen met zemelen

100 g / 4 oz / ½ kopje zachte bruine suiker

100 g / 4 oz / 2/3 kopje gedroogde vijgen, gehakt

30 ml / 2 eetlepels stroopmelasse (melasse)

250 ml melk

100 g / 4 oz / 1 kopje volkoren meel (volkoren)

10 ml / 2 theelepels bakpoeder

Meng de ontbijtgranen, suiker, vijgen, melasse en melk en laat dit 30 minuten staan. Voeg de bloem en het bakpoeder toe. Giet in een ingevette bakvorm (vorm) van 450 g en bak in een voorverwarmde oven op 180°C gedurende 45 minuten, tot het hard wordt en een in het midden gestoken satéprikker eruit komt.

Brood met vijgen en marsala

Maakt een reep van 900 g / 2 lb

225 g / 8 oz / 1 kopje ongezouten (zoete) boter of margarine, verzacht

225 g / 8 oz / 1 kopje zachte bruine suiker

4 eieren, licht losgeklopt

45 ml / 3 eetlepels Marsala

5 ml / 1 theelepel vanille-essence (extract)

200 g bloem voor alle doeleinden

een snufje zout

50 g / 2 oz / 1/3 kopje kant-en-klare gedroogde abrikozen, gehakt

50 g / 2 oz / 1/3 kopje ontpitte dadels (ontpit), gehakt

50 g / 2 oz / 1/3 kopje gedroogde vijgen, gehakt

50 g / 2 oz / ½ kopje gehakte gemengde noten

Klop de boter of margarine en de suiker schuimig. Voeg geleidelijk het ei toe, daarna de Marsala en de vanille-essence. Meng de bloem en het zout met het fruit en de noten, voeg toe aan het mengsel en meng goed. Giet in een ingevette en met bloem bestoven ovenschaal van 900 g en bak in een voorverwarmde oven op 180°C, gasstand 4, gedurende 1 uur. Laat 10 minuten in de vorm afkoelen en leg ze dan op een rooster om verder af te koelen.

Broodje vijgen en honing

12 geleden

25 g / 1 oz verse gist of 40 ml / 2½ el droge gist

75 g / 3 oz / ¼ kopje lichte honing

300 ml warm water

100 g / 4 oz / 2/3 kopje gedroogde vijgen, gehakt

15 ml / 1 eetlepel moutextract

450 g / 1 lb / 4 kopjes volkorenmeel (volkoren)

15 ml / 1 eetlepel melkpoeder (magere melkpoeder)

5 ml / 1 theelepel zout

2,5 ml / ½ theelepel geraspte nootmuskaat

40 g / 1½ oz / 2½ el boter of margarine

Schil van 1 sinaasappel

1 losgeklopt ei

15 ml / 1 eetlepel sesamzaadjes

Meng de gist met 5 ml / 1 theelepel honing en een beetje warm water en laat het op een warme plaats schuimig worden. Meng het resterende warme water met de vijgen, het moutextract en de resterende honing en laat trekken. Meng de bloem, melkpoeder, zout en nootmuskaat, verkruimel de boter of margarine en voeg de sinaasappelschil toe. Maak een kuiltje in het midden en giet het mengsel van gist en vijgen erin. Meng tot een gladde massa en kneed tot het niet meer plakt. Doe het in een met olie ingevette kom, dek af met met olie ingevette folie (plastic folie) en laat het op een warme plaats 1 uur rijzen tot het in volume verdubbeld is.

Even kneden, vervolgens 12 rolletjes vormen en op een ingevette (bak)plaat leggen. Dek af met geoliede folie en laat 20 minuten rusten op een warme plaats. Bestrijk met losgeklopt ei en bestrooi met sesamzaadjes. Bak in een op 230°C voorverwarmde oven in 15 minuten goudbruin en als je op de bodem tikt hol klinkt.

warm kruisbroodje

12 geleden

Voor de broodjes:
450 g / 1 lb / 4 kopjes bloem voor alle doeleinden (voor brood)

15 ml / 1 eetlepel droge gist

een snufje zout

5 ml / 1 tl gemengde gemalen kruiden (appeltaart)

50 g / 2 oz / ¼ kopje poedersuiker (superfijn)

100 g krenten

25 g / 1 oz / 3 el gemengde schil (gekonfijt) gehakt

1 losgeklopt ei

250 ml melk

50 g / 2 oz / ¼ kopje boter of margarine, gesmolten

Voor kruisen:
25 g / 1 oz / ¼ kopje bloem voor alle doeleinden

15 ml / 1 eetlepel water

een klein losgeklopt ei

Voor het glazuur:
50 g / 2 oz / ¼ kopje poedersuiker (superfijn)

150 ml / ¼ pt / 2/3 kopje water

Meng voor de broodjes de droge ingrediënten, de krenten en de gemengde bodem. Voeg het ei, de melk en de gesmolten boter toe en mix tot je een stevig deeg hebt dat van de rand van de kom valt. Leg op een licht met bloem bestoven werkvlak en kneed 5 minuten tot een gladde en elastische massa. Verdeel in 12 delen en vorm er balletjes van. Leg ze op ingevette (koeken)platen met voldoende afstand van elkaar, dek ze af met ingevette folie (plastic folie) en laat ze op een warme plek ongeveer 45 minuten rijzen, tot ze in volume verdubbeld zijn.

Doe de bloem voor het kruis in een kleine kom en meng het geleidelijk met voldoende water om een deeg te maken. Strek het uit tot een lange streng. Bestrijk de bovenkant van het broodje met losgeklopt ei en druk dan voorzichtig het deeg kruiselings van de lange draad gesneden in elk broodje. Bak in een op 220°C voorverwarmde oven in 20 minuten goudbruin.

Om het glazuur te bereiden, lost u de suiker op in het water en kookt u het tot het stroperig is. Spreid de hete broodjes uit en leg ze op een rooster om af te koelen.

Lincolnshire pruimenbrood

Voor drie broden van 450 g

15 g / ½ oz verse gist of 20 ml / 4 theelepels droge gist

45 ml / 3 eetlepels zachte bruine suiker

200 ml warme melk

100 g / 4 oz / ½ kopje boter of margarine

450 g / 1 lb / 4 kopjes bloem voor alle doeleinden

10 ml / 2 theelepels bakpoeder

een snufje zout

1 losgeklopt ei

450 g / 1 lb / 22/3 kopjes gedroogd fruit (fruitcake mix)

Meng de gist met 5 ml / 1 theelepel suiker en een beetje warme melk en laat het op een warme plaats 20 minuten rijzen tot het schuimig wordt. Wrijf de boter of margarine met de bloem, bakpoeder en zout tot het mengsel op broodkruimels lijkt. Voeg de resterende suiker toe en maak een kuiltje in het midden. Meng het gistmengsel, de resterende warme melk en het ei en meng dit door het fruit tot een vrij stevig deeg. Vorm drie ingevette bakvormen van 450 g/1 lb en bak ze in een voorverwarmde oven op 150°C gedurende 2 uur tot ze goudbruin zijn.

Londense scones

10 geleden

50 g / 2 oz verse gist of 30 ml / 2 el droge gist

75 g / 3 oz / 1/3 kopje zachte bruine suiker

300 ml warm water

175 g krenten

25 g / 1 oz / 3 el gehakte dadels (ontpit)

25 g / 1 oz / 3 el gemengde schil (gekonfijt) gehakt

25 g / 1 oz / 2 el gehakte geglaceerde (gekonfijte) kersen

45 ml / 3 eetlepels sinaasappelsap

450 g / 1 lb / 4 kopjes volkorenmeel (volkoren)

2,5 ml / ½ theelepel zout

25 g / 1 oz / ¼ kopje droge melk (magere melkpoeder)

15 ml / 1 eetlepel gemengde gemalen kruiden (appeltaart)

5 ml / 1 theelepel gemalen kaneel

75 g / 3 oz / 1/3 kopje boter of margarine

15 ml / 1 eetlepel geraspte sinaasappelschil

1 ei

15 ml / 1 eetlepel lichte honing

30 ml / 2 eetlepels amandelschilfers (in plakjes)

Meng de gist met een beetje suiker en een beetje warm water en laat op een warme plaats in 20 minuten schuimig rijzen. Week de krenten, dadels, gemengde schillen en kersen in het sinaasappelsap. Meng de bloem, het zout, het melkpoeder en de kruiden. Wrijf de boter of margarine erdoor, voeg de sinaasappelschil toe en maak een kuiltje in het midden. Voeg het gistmengsel, het resterende warme water en het ei toe en mix tot een gladde massa. Doe in een met olie ingevette kom, dek af met folie (plastic folie) en laat 1 uur rijzen op een warme plaats, tot het in volume verdubbeld is.

Vorm 10 cilinders van het deeg en leg ze op een ingevette (bak)plaat. Dek af met geoliede folie en laat 45 minuten rusten op een warme plaats. Bak in een op 230°C voorverwarmde oven gedurende 15 minuten tot ze goed gerezen zijn. Smeer met honing, bestrooi met amandelen en laat afkoelen.

Iers boerenbrood

Maakt een reep van 900 g / 2 lb

350 g / 12 oz / 3 kopjes volkorenmeel (volkoren)

100 g havermout

100 g / 4 oz / 2/3 kopje rozijnen (gouden rozijnen)

15 ml / 1 eetlepel bakpoeder

15 ml / 1 eetlepel poedersuiker (superfijn)

5 ml / 1 theelepel zuiveringszout (baking soda)

5 ml / 1 theelepel zout

10 ml / 2 theelepels gemengde gemalen kruiden (appeltaart)

Geraspte schil van ½ citroen

1 losgeklopt ei

300 ml / ½ pt / 1¼ kopjes karnemelk of yoghurt

150 ml / ¼ pt / 2/3 kopje water

Meng alle droge ingrediënten en de citroenrasp door elkaar en maak een kuiltje in het midden. Meng het ei, karnemelk of yoghurt en water. Meng met de droge ingrediënten en kneed tot je een soepel deeg krijgt. Kneed op een licht met bloem bestoven werkvlak en vorm vervolgens een ingevette broodvorm van 900 g. Bak in een voorverwarmde oven op 200°C/400°F/gasstand 6 gedurende 1 uur, tot het goed gerezen en stevig aanvoelt.

mout brood

Maakt een reep van 450 g / 1 lb

25 g / 1 oz / 2 el boter of margarine

225 g / 8 oz / 2 kopjes zelfrijzend bakmeel (gist)

25 g / 1 oz / 2 el zachte bruine suiker

30 ml / 2 eetlepels stroopmelasse (melasse)

20 ml / 4 theelepels moutextract

150 ml melk

75 g / 3 oz / ½ kopje rozijnen (goudrozijnen)

15 ml / 1 eetlepel poedersuiker (superfijn)

30 ml / 2 eetlepels water

Verkruimel de boter of margarine met de bloem en voeg de bruine suiker toe. Verwarm de melasse, het moutextract en de melk, meng de droge ingrediënten met de rozijnen en meng tot een gladde massa. Giet in een ingevette bakvorm (vorm) van 450 g en bak in een op 160°C voorverwarmde oven gedurende 1 uur goudbruin. Breng de suiker en het water aan de kook en kook tot het stroperig is. Spreid de bovenkant van het brood uit en laat het afkoelen.

gemout zemelenbrood

Maakt een reep van 450 g / 1 lb

100 g / 4 oz / ½ kopje zachte bruine suiker

225 g / 8 oz / 11/3 kopjes gemengd gedroogd fruit (fruitcakemix)

75 g / 3 oz alle zemelen granen

250 ml melk

5 ml / 1 tl gemengde gemalen kruiden (appeltaart)

100 g zelfrijzend bakmeel

Meng de suiker, het fruit, alle zemelen, melk en kruiden en laat dit 1 uur staan. Voeg de bloem toe en meng goed. Giet in een ingevette en met bakpapier beklede broodvorm (vorm) van 450g en bak in een voorverwarmde oven op 180°C / gasstand 4 gedurende 1½ uur tot het gestold is.

Volkoren moutbrood

Maakt een reep van 900 g / 2 lb

25 g / 1 oz / 2 el boter of margarine

30 ml / 2 eetlepels stroopmelasse (melasse)

45 ml / 3 eetlepels moutextract

150 ml melk

175 g / 6 oz / 1½ kopjes volkoren meel (volkoren)

75 g havermout

10 ml / 2 theelepels bakpoeder

100 g rozijnen

Smelt de boter of margarine, melasse, moutextract en melk. Giet de bloem, bakpoeder en rozijnen erbij en meng tot een gladde massa. Schep in een ingevette bakvorm van 900 g en strijk het oppervlak glad. Bak in een op 200°C voorverwarmde oven gedurende 45 minuten, tot een in het midden gestoken satéprikker er schoon uitkomt.

Freda's walnotenbrood

Voor drie broden van 350 g

25 g / 1 oz verse gist of 40 ml / 2½ el droge gist

10 ml / 2 theelepels moutextract

375 ml warm water

450 g / 1 lb / 4 kopjes volkorenmeel (volkoren)

5 ml / 1 theelepel sojameel

50 g gerolde haver

2,5 ml / ½ theelepel zout

25 g / 1 oz / 2 el zachte bruine suiker

15 ml / 1 eetlepel reuzel (boter)

100 g / 4 oz / 1 kopje gehakte gemengde noten

175 g krenten

50 g / 2 oz / 1/3 kopje ontpitte dadels (ontpit), gehakt

50 g rozijnen

2,5 ml / ½ theelepel gemalen kaneel

1 losgeklopt ei

45 ml / 3 eetlepels amandelschilfers (in plakjes)

Meng de gist met het moutextract en een beetje warm water en laat op een warme plaats schuimen. Meng bloem, havermout, zout en suiker, smeer in met boter en maak een kuiltje in het midden. Meng het gistmengsel en het resterende warme water en kneed tot een gladde massa. Meng de walnoten, krenten, dadels, rozijnen en kaneel. Kneed tot het elastisch is en niet meer plakkerig. Leg het deeg in een ingevette kom en dek af met geoliede folie (plasticfolie). Laat het 1 uur rijzen op een warme plek tot het verdubbeld is in volume.

Kneed het deeg lichtjes, vorm er vervolgens drie cirkels van en strijk ze een beetje glad, leg ze dan op een ingevette (koeken)plaat. Bestrijk de bovenkant met losgeklopt ei en bestrooi met amandelen. Bak in een voorverwarmde oven op 230°C, gasstand 8, gedurende 35 minuten, tot ze goed gerezen zijn en hol klinken als je op de bodem klopt.

Paranoot en dadelbrood

Voor drie broden van 350 g

25 g / 1 oz verse gist of 40 ml / 2½ el droge gist

10 ml / 2 theelepels moutextract

375 ml warm water

450 g / 1 lb / 4 kopjes volkorenmeel (volkoren)

5 ml / 1 theelepel sojameel

50 g gerolde haver

2,5 ml / ½ theelepel zout

25 g / 1 oz / 2 el zachte bruine suiker

15 ml / 1 eetlepel reuzel (boter)

100 g / 4 oz / 1 kopje paranoten, gehakt

250 g / 9 oz / 1½ kopje ontpitte dadels (ontpit), gehakt

2,5 ml / ½ theelepel gemalen kaneel

1 losgeklopt ei

45 ml / 3 eetlepels gesneden paranoten

Meng de gist met het moutextract en een beetje warm water en laat op een warme plaats schuimen. Meng bloem, havermout, zout en suiker, smeer in met boter en maak een kuiltje in het midden. Meng het gistmengsel en het resterende warme water en kneed tot een gladde massa. Voeg de walnoten, dadels en kaneel toe. Kneed tot het elastisch is en niet meer plakkerig. Leg het deeg in een ingevette kom en dek af met geoliede folie (plasticfolie). Laat het 1 uur rijzen op een warme plek tot het verdubbeld is in volume.

Kneed het deeg licht, vorm drie cirkels en strijk ze een beetje glad, leg ze op een ingevette (koeken)plaat. Bestrijk de bovenkant met losgeklopt ei en bestrooi met gesneden paranoten. Bak in een voorverwarmde oven op 230°C, gasstand 8, gedurende 35 minuten, tot ze goed gerezen zijn en hol klinken als je op de bodem klopt.

Brood van panastaans fruit

Voor drie broden van 175 g

25 g / 1 oz verse gist of 40 ml / 2½ el droge gist

150 ml warm water

60 ml / 4 eetlepels lichte honing

5 ml / 1 theelepel moutextract

15 ml / 1 eetlepel zonnebloempitten

15 ml / 1 eetlepel sesamzaadjes

25 g / 1 oz / ¼ kopje tarwekiemen

450 g / 1 lb / 4 kopjes volkorenmeel (volkoren)

5 ml / 1 theelepel zout

50 g / 2 oz / ¼ kopje boter of margarine

175 g / 6 oz / 1 kopje rozijnen (gouden rozijnen)

25 g / 1 oz / 3 el gemengde schil (gekonfijt) gehakt

1 losgeklopt ei

Meng de gist met een beetje warm water en 5 ml / 1 theelepel honing en laat 20 minuten rijzen op een warme plaats tot schuim. Meng de resterende honing en het moutextract in het resterende warme water. Bak de zonnebloem- en sesamzaadjes, evenals de tarwekiemen in een droge pan al roerend goudbruin. Doe de bloem en het zout in een kom en smeer het in met boter of margarine. Voeg de gemengde rozijnen en schillen toe en maak een kuiltje in het midden. Voeg het gistmengsel, het water en het ei toe en kneed tot een gladde massa. Doe het in een met olie ingevette kom, dek af met met olie ingevette folie (plastic folie) en laat het op een warme plaats 1 uur rijzen tot het in volume verdubbeld is.

Even kneden, vervolgens drie broden vormen en op een ingevette (koek)plaat of in een ingevette bakplaat (pan) leggen. Dek af met geoliede folie en laat 20 minuten rusten op een warme plaats. Bak in een op 230°C voorverwarmde oven in 40 minuten goudbruin en hoor je een hol geluid als je op de bodem tikt.

pompoen brood

Voor twee broden van 450 g

350 g poedersuiker (superfijn)

120 ml / 4 fl oz / ½ kopje olie

2,5 ml / ½ theelepel geraspte nootmuskaat

5 ml / 1 theelepel gemalen kaneel

5 ml / 1 theelepel zout

2 losgeklopte eieren

225 g / 8 oz / 1 kop pompoen, gekookt en gepureerd

60 ml / 4 eetlepels water

2,5 ml / ½ theelepel baking soda (baking soda)

1,5 ml / ¼ theelepel bakpoeder

175 g / 6 oz / 1½ kopje bloem voor alle doeleinden

Meng de suiker, olie, nootmuskaat, kaneel, zout en ei en meng goed. Voeg de rest van de ingrediënten toe en mix tot je een glad deeg krijgt. Giet in twee ingevette bakplaten van 450g en bak in een voorverwarmde oven op 180°C gedurende 1 uur, tot een in het midden gestoken satéprikker er schoon uitkomt.

Rozijnenbrood

Voor twee broden van 450 g

15 ml / 1 eetlepel droge gist

120 ml warm water

250 ml warme melk

60 ml / 4 eetlepels olie

50 g / 2 oz / ¼ kopje suiker

1 losgeklopt ei

10 ml / 2 theelepels gemalen kaneel

5 ml / 1 theelepel zout

225 g rozijnen, een nacht geweekt in koud water

550 g / 1¼ lb / 5 kopjes sterk (brood)meel

Los de gist op in warm water en laat schuimig worden. Meng de melk, olie, suiker, eieren, kaneel en zout. Giet de rozijnen af en roer ze door het mengsel. Voeg het gistmengsel toe. Voeg geleidelijk de bloem toe en meng tot je een hard deeg krijgt. Doe in een met olie ingevette kom en dek af met ingevette folie (plastic folie). Laat het ongeveer 1 uur rijzen op een warme plaats, tot het verdubbeld is in volume.

Kneed opnieuw en vorm twee ingevette bakvormen van 450 g/1 lb. Dek af met ingevette plasticfolie en laat weer op een warme plaats staan tot het deeg boven de dozen uitsteekt. Bak in een voorverwarmde oven op 150°C/300°F/gasstand 2 gedurende 1 uur tot ze goudbruin zijn.

rozijnen weken

Voor twee broden van 450 g/l

450 g / 1 lb / 4 kopjes bloem voor alle doeleinden

2,5 ml / ½ theelepel zout

5 ml / 1 tl gemengde gemalen kruiden (appeltaart)

225 g / 8 oz / 11/3 kopjes rozijnen, gehakt

10 ml / 2 theelepels zuiveringszout (baking soda)

100 g / 4 oz / ½ kopje boter of margarine, gesmolten

225 g poedersuiker (superfijn)

450 ml / ¾ pt / 2 kopjes melk

15 ml / 1 eetlepel citroensap

30 ml / 2 eetlepels abrikozenjam (uit blik), gezeefd (gefilterd)

Meng de bloem, zout, kruidenmix en rozijnen. Meng de baking soda met de gesmolten boter tot een geheel en meng dan alle ingrediënten goed door elkaar. Dek af en laat een nacht staan.

Schep het mengsel in twee ingevette en met bakpapier beklede bakvormen (vorm) van 450 g en bak in een voorverwarmde oven op 180°C gedurende 1 uur, tot een in het midden gestoken satéprikker er schoon uitkomt.

Rabarber en dadelbrood

Maakt een reep van 900 g / 2 lb

225 g rabarber, gehakt

50 g / 2 oz / ¼ kopje boter of margarine

225 g / 8 oz / 2 kopjes bloem voor alle doeleinden

15 ml / 1 eetlepel bakpoeder

175 g dadels, ontpit (zonder pit) en fijngehakt

1 losgeklopt ei

60 ml / 4 eetlepels melk

Was de rabarber en kook op laag vuur met het water dat aan de stukjes blijft kleven tot je een puree krijgt. Wrijf de boter of margarine door de bloem en het bakpoeder tot het mengsel op broodkruimels lijkt. Voeg de rabarber, dadels, ei en melk toe en meng goed. Giet in een ingevette en met bakpapier beklede broodvorm (vorm) van 900g en bak in een voorverwarmde oven op 190°C / gasstand 5 gedurende 1 uur tot het gestold is.

rijst brood

Maakt een reep van 900 g / 2 lb

75 g / 3 oz / 1/3 kop arborio of andere halfkorrelige rijst

500 ml / 17 fl oz / 2½ kopjes warm water

15 g / ½ oz verse gist of 20 ml / 4 theelepels droge gist

30 ml / 2 eetlepels warm water

550 g / 1½ lb / 6 kopjes sterk gewoon (brood) meel

15 ml / 1 eetlepel zout

Doe de rijst en de helft van het warme water in een pan, breng aan de kook, dek af en laat ca. 25 minuten, totdat de rijst alle vloeistof heeft opgenomen en er belletjes op het oppervlak verschijnen.

Meng ondertussen de gist met het warme water. Voeg als de rijst gaar is de bloem, het zout, het gistmengsel en het resterende warme water toe en meng tot je een nat deeg hebt. Dek af met geoliede folie (plasticfolie) en laat ongeveer 1 uur rijzen op een warme plek tot het verdubbeld is.

Kneed het deeg op een met bloem bestoven oppervlak en vorm het vervolgens tot een beboterde broodvorm van 900 gram. Dek af met geoliede plasticfolie en laat op een warme plaats staan tot het deeg boven de bovenkant van de doos uitsteekt. Bak in een voorverwarmde oven op 230°C/450°F/gasstand 8 gedurende 15 minuten, verlaag dan de oventemperatuur tot 200°C/400°F/gasstand 6 en bak nog eens 15 minuten. Haal uit de pan en zet nog 15 minuten in de oven tot ze krokant en goudbruin zijn.

Rijstbrood en notenthee

Voor twee broden van 900 g

100 g / 4 oz / ½ kopje langkorrelige rijst

300 ml / ½ pt / 1¼ kopjes sinaasappelsap

400 g / 14 oz / 1¾ kopjes poedersuiker (superfijn)

2 losgeklopte eieren

50 g / 2 oz / ¼ kopje boter of margarine, gesmolten

Geraspte schil en sap van 1 sinaasappel

225 g / 8 oz / 2 kopjes bloem voor alle doeleinden

175 g / 6 oz / 1½ kopjes volkoren meel (volkoren)

10 ml / 2 theelepels bakpoeder

5 ml / 1 theelepel zuiveringszout (baking soda)

5 ml / 1 theelepel zout

50 g / 2 oz / ½ kopje walnoten, gehakt

50 g / 2 oz / 1/3 kopje rozijnen (gouden rozijnen)

50 g banketbakkerssuiker, gezeefd

Week de rijst in ruim kokend water met zout ca. Kook tot ze zacht zijn in 15 minuten, zeef, spoel af met koud water en laat opnieuw uitlekken. Meng het sinaasappelsap, suiker, eieren, gesmolten boter of margarine en 2,5 ml / ½ theelepel sinaasappelschil. bewaar de rest en het sap voor de glazuur. Meng de bloem, bakpoeder, bakpoeder en zout en meng dit vervolgens door het suikermengsel. Voeg de rijst, walnoten en rozijnen toe. Schep het mengsel in twee ingevette bakplaten van 900 g en bak in een op 180°C voorverwarmde oven gedurende 1 uur, tot een in het midden gestoken satéprikker er schoon uitkomt. Laat 10 minuten afkoelen in de vormen en stort ze dan op een rooster om volledig af te koelen.

Meng de poedersuiker met de achtergehouden sinaasappelschil en voldoende sap om een gladde, dikke massa te krijgen. Bestrooi de broden en laat ze rusten. Serveer gesneden en besmeerd met boter.

gekrulde suikerrol

ongeveer 10 jaar geleden

50 g / 2 oz verse gist of 75 ml / 5 el droge gist

75 g / 3 oz / 1/3 kopje zachte bruine suiker

300 ml warm water

175 g krenten

25 g / 1 oz / 3 eetlepels ontpitte dadels (ontpit), gehakt

45 ml / 3 eetlepels sinaasappelsap

450 g / 1 lb / 4 kopjes volkorenmeel (volkoren)

2,5 ml / ½ theelepel zout

25 g / 1 oz / ¼ kopje droge melk (magere melkpoeder)

15 ml / 1 eetlepel gemengde gemalen kruiden (appeltaart)

75 g / 3 oz / 1/3 kopje boter of margarine

15 ml / 1 eetlepel geraspte sinaasappelschil

1 ei

Voor de vulling:

30 ml / 2 eetlepels olie

75 g / 3 oz / 1/3 kop demerara suiker

Voor het glazuur:

15 ml / 1 eetlepel lichte honing

30 ml / 2 eetlepels gemalen walnoten

Roer de gist met een beetje zachte bruine suiker en een beetje warm water en laat het op een warme plaats 20 minuten rijzen tot het schuimig wordt. Week de krenten en dadels in het sinaasappelsap. Meng de bloem, zout, droge melk en kruidenmix.

Wrijf de boter of margarine erdoor, voeg de sinaasappelschil toe en maak een kuiltje in het midden. Voeg het gistmengsel, het resterende warme water en het ei toe en mix tot een gladde massa. Doe het in een met olie ingevette kom, dek af met met olie ingevette folie (plastic folie) en laat het op een warme plaats 1 uur rijzen tot het in volume verdubbeld is.

Rol het deeg uit op een licht met bloem bestoven werkvlak tot een grote rechthoek. Bestrijk met olie en besprenkel met demerarasuiker. Rol het op als een swiss roll (gelatine) en snijd het in ongeveer tien plakken van 1/2,5 cm, leg ze op een met olie ingevette bakplaat, ca. . Bak in een op 230°C voorverwarmde oven gedurende 15 minuten tot ze goed gerezen zijn. Smeer met honing, bestrooi met walnoten en laat afkoelen.

Selkirk Bannock

Maakt een reep van 450 g / 1 lb

Voor de massa:

225 g / 8 oz / 2 kopjes bloem voor alle doeleinden

een snufje zout

50 g / 2 oz / ¼ kopje reuzel (bakvet)

150 ml melk

15 g / ½ oz verse gist of 20 ml / 4 theelepels droge gist

50 g / 2 oz / ¼ kopje poedersuiker (superfijn)

100 g / 4 oz / 2/3 kopje rozijnen (gouden rozijnen)

Voor het glazuur:

25 g / 1 oz / 2 el poedersuiker (superfijn)

30 ml / 2 eetlepels water

Meng de bloem en het zout voor het deeg. Smelt het reuzel, voeg de melk toe en verwarm het bloed. Giet de gist erbij en voeg 5 ml/1 theelepel suiker toe. Laat ongeveer 20 minuten staan tot het schuimig is. Maak een kuiltje in het midden van de bloem en giet het gistmengsel erin. Voeg geleidelijk de bloem toe en kneed 5 minuten. Dek af en laat op een warme plaats 1 uur rijzen. Leg op een met bloem bestoven werkvlak en voeg de rozijnen en de resterende suiker toe. Vorm een grote ronde en leg deze op een ingevette (koeken)plaat. Dek af met geoliede folie (folie) en laat op een warme plaats staan tot het verdubbeld is. Bak in een voorverwarmde oven op 220°C/425°F/gasstand 7 gedurende 15 minuten. Verlaag de oventemperatuur tot 190°C/375°F/gasstand 5 en bak nog eens 25 minuten. Haal uit de oven.

Sultana en johannesbroodbrood

Maakt een reep van 900 g / 2 lb

150 g / 5 oz / 1¼ kopjes volkorenmeel (volkoren)

15 ml / 1 eetlepel bakpoeder

25 g johannesbroodpoeder

50 g havermout

50 g / 2 oz / ¼ kopje boter of margarine, verzacht

175 g / 6 oz / 1 kopje rozijnen (gouden rozijnen)

2 losgeklopte eieren

150 ml melk

60 ml / 4 eetlepels olie

Meng de droge ingrediënten. Wrijf de boter of margarine erdoor en voeg dan de rozijnen toe. Klop het ei, de melk en de olie schuimig en meng dit door het bloemmengsel tot een glad deeg. Vorm een ingevette broodvorm (vorm) van 900 g en bak in een voorverwarmde oven op 180°C gedurende 1 uur tot het stevig is.

Sultana en sinaasappelbrood

Voor twee broden van 450 g

Voor de massa:
450 g / 1 lb / 4 kopjes volkorenmeel (volkoren)

20 ml / 4 theelepels bakpoeder

75 g / 3 oz / 1/3 kopje zachte bruine suiker

5 ml / 1 theelepel zout

2,5 ml / ½ theelepel gemalen foelie

75 g plantaardig vet (bakvet)

3 eiwitten

300 ml melk

Voor de vulling:
175 g / 6 oz / 1½ kopjes volkoren (volkoren) koekjeskruimels

50 g gemalen amandelen

50 g / 2 oz / ¼ kopje zachte bruine suiker

100 g / 4 oz / 2/3 kopje rozijnen (gouden rozijnen)

30 ml / 2 eetlepels sinaasappelsap

1 ei, licht losgeklopt

Voor het glazuur:
15 ml / 1 eetlepel honing

Meng de droge ingrediënten voor het deeg en wrijf het vet erdoor. Voeg de eiwitten en melk toe en mix tot je een glad, elastisch deeg krijgt. Meng de ingrediënten van de vulling, gebruik alleen genoeg van het ei om een smeerbare consistentie te krijgen. Rol het deeg op een licht met bloem bestoven werkvlak uit tot een rechthoek van 20 x 30 cm. Spreid de vulling overal uit, behalve de bovenste 1 inch langs de lange rand. Rol vanaf de tegenoverliggende rand op als een Zwitsers (jelly) broodje en bevochtig de gladde strook deeg om te verzegelen. Bevochtig beide uiteinden en vorm de rol in een ronde vorm, knijp de uiteinden samen. Gebruik een scherpe schaar om de bovenkant met kleine sneden te versieren. Leg op een ingevette (koeken)plaat en bestrijk met de rest van het eierwasmiddel.

Bak in een op 230°C voorverwarmde oven in 25 minuten goudbruin. Bestrijk met honing en laat afkoelen.

Sultana en sherrybrood

Maakt een reep van 900 g / 2 lb

225 g / 8 oz / 1 kopje ongezouten (zoete) boter of margarine, verzacht

225 g / 8 oz / 1 kopje zachte bruine suiker

4 eieren

45 ml / 3 el zoete sherry

5 ml / 1 theelepel vanille-essence (extract)

200 g bloem voor alle doeleinden

een snufje zout

75 g / 3 oz / ½ kopje rozijnen (goudrozijnen)

50 g / 2 oz / 1/3 kopje ontpitte dadels (ontpit), gehakt

50 g / 2 oz / 1/3 kopje gedroogde vijgen, in blokjes

50 g / 2 oz / ½ kopje gemengde schil (gekonfijt), gehakt

Klop de boter of margarine en de suiker schuimig. Voeg beetje bij beetje het ei toe, daarna de sherry en vanille-essence. Meng de bloem en het zout met het fruit, voeg toe aan het mengsel en meng goed. Giet in een ingevette en met bloem bestoven ovenschaal van 900 g en bak in een voorverwarmde oven op 180°C, gasstand 4, gedurende 1 uur. Laat 10 minuten in de vorm afkoelen en leg ze dan op een rooster om verder af te koelen.

Cottage thee brood

Voor twee broden van 450 g

Voor de massa:

25 g / 1 oz verse gist of 40 ml / 2½ el droge gist

15 ml / 1 eetlepel zachte bruine suiker

300 ml warm water

15 ml / 1 eetlepel boter of margarine

450 g / 1 lb / 4 kopjes volkorenmeel (volkoren)

15 ml / 1 eetlepel melkpoeder (magere melkpoeder)

5 ml / 1 tl gemengde gemalen kruiden (appeltaart)

2,5 ml / ½ theelepel zout

1 ei

175 g krenten

100 g / 4 oz / 2/3 kopje rozijnen (gouden rozijnen)

50 g rozijnen

50 g / 2 oz / 1/3 kopje gemengde schil (gekonfijt), gehakt

Voor het glazuur:

15 ml / 1 eetlepel citroensap

15 ml / 1 eetlepel water

Een snufje gemalen kruidenmengsel (appeltaart)

Meng voor het deeg de gist met de suiker met een beetje warm water en laat het op een warme plaats 10 minuten rijzen tot het schuimig wordt. Verkruimel de boter of margarine met de bloem, voeg de droge melk, het kruidenmengsel en het zout toe en maak een kuiltje in het midden. Voeg het ei, het gistmengsel en het resterende warme water toe en meng tot een deeg. Kneed tot een gladde en elastische massa. Voeg de krenten, rozijnen, rozijnen en gemengde schil toe. Doe in een met olie ingevette kom, dek af met ingevette folie (plastic folie) en laat 45 minuten rusten op een warme plek. Bekleed twee ingevette blikken van 450 g/1 lb. Dek af met geoliede folie en laat 15 minuten rusten op een warme plaats. Bak in een op 220°C voorverwarmde oven in 30 minuten goudbruin. Haal het uit de doos. Meng de ingrediënten van het glazuur en verdeel over warme broden,

thee taarten

Voor 6 personen

15 g / ½ oz verse gist of 20 ml / 4 theelepels droge gist

300 ml warme melk

25 g / 1 oz / 2 el poedersuiker (superfijn)

25 g / 1 oz / 2 el boter of margarine

450 g / 1 lb / 4 kopjes bloem voor alle doeleinden

5 ml / 1 theelepel zout

50 g / 2 oz / 1/3 kopje rozijnen (gouden rozijnen)

Roer de gist los met warme melk en een beetje suiker en laat op een warme plek schuimen. Wrijf de boter of margarine in met de bloem en het zout en voeg dan de resterende suiker en rozijnen toe. Voeg het gistmengsel toe en mix tot je een glad deeg hebt. Leg op een licht met bloem bestoven oppervlak en kneed tot een gladde massa. Doe in een met olie ingevette kom, dek af met geoliede folie (plastic folie) en laat op een warme plaats rijzen tot het verdubbeld is. Kneed het deeg opnieuw, verdeel het dan in zes delen en vorm elk in een bal. Spreid lichtjes uit op een ingevette (koeken)plaat, dek af met ingevette plasticfolie en laat het op een warme plaats nogmaals rijzen tot het in volume verdubbeld is.

walnoten brood

Maakt een reep van 900 g / 2 lb

350 g / 12 oz / 3 kopjes bloem voor alle doeleinden

15 ml / 1 eetlepel bakpoeder

225 g / 8 oz / 1 kopje zachte bruine suiker

5 ml / 1 theelepel zout

1 ei, licht losgeklopt

50 g / 2 oz / ¼ kopje reuzel (plantaardig vet), gesmolten

375 ml melk

5 ml / 1 theelepel vanille-essence (extract)

175 g / 6 oz / 1½ kopjes walnoten, gehakt

Meng de bloem, bakpoeder, suiker en zout en maak een kuiltje in het midden. Voeg de eieren, boter, melk en vanille-essence toe en voeg dan de walnoten toe. Schep in een ingevette bakplaat (vorm) van 900 g en bak in een voorverwarmde oven op 180°C met gasstand 4 gedurende ca. Bak gedurende 1¼ uur tot ze goed gerezen en goudbruin zijn.

Noten- en suikerbrood

Maakt een reep van 900 g / 2 lb

Voor de massa:

350 g / 12 oz / 3 kopjes bloem voor alle doeleinden

15 ml / 1 eetlepel bakpoeder

225 g / 8 oz / 1 kopje zachte bruine suiker

5 ml / 1 theelepel zout

1 ei, licht losgeklopt

50 g / 2 oz / ¼ kopje reuzel (plantaardig vet), gesmolten

375 ml melk

5 ml / 1 theelepel vanille-essence (extract)

175 g / 6 oz / 1½ kopjes walnoten, gehakt

Voor de vulling:

15 ml / 1 eetlepel bloem voor alle doeleinden

50 g / 2 oz / ¼ kopje zachte bruine suiker

5 ml / 1 theelepel gemalen kaneel

15 ml / 1 eetlepel gesmolten boter

Meng voor het deeg de bloem, bakpoeder, suiker en zout en maak een kuiltje in het midden. Voeg de eieren, boter, melk en vanille-essence toe en voeg dan de walnoten toe. Giet de helft van het mengsel in een ingevette bakvorm van 900 g / 2 lb. Meng de ingrediënten voor de vulling en giet over de massa. Giet het resterende deeg erbij en bak in een voorverwarmde oven op 180°C/350°F/gasstand gedurende 4 ca. Bak gedurende 1¼ uur tot ze goed gerezen en goudbruin zijn.

www.ingramcontent.com/pod-product-compliance
Lightning Source LLC
Chambersburg PA
CBHW070419120526
44590CB00014B/1452